Friedrich Nietzsche

POR QUE SOU TÃO SÁBIO
e outros textos

Tradução, cronologia e notas de
MARCELO BACKES

www.lpm.com.br

COLEÇÃO 96 PÁGINAS

Coleção **L&PM** POCKET, vol. 1226

Texto de acordo com a nova ortografia.

Textos extraídos de *Ecce homo: de como a gente se torna o que a gente é* (**L&PM** POCKET, v. 301)
Primeira edição na Coleção **L&PM** POCKET: julho de 2016

Tradução: Marcelo Backes
Capa: Ivan Pinheiro Machado
Revisão: Jó Saldanha e Renato Deitos

CIP-Brasil. Catalogação na publicação
Sindicato Nacional dos Editores de Livros, RJ

N581p

Nietzsche, Friedrich Wilhelm, 1844-1900
  Por que eu sou tão sábio / Friedrich Wilhelm Nietzsche; tradução, comentários e notas de Marcelo Backes. – Porto Alegre, RS: L&PM, 2016.
  96 p. ; 18 cm.

  Tradução de: *Ecce homo. Wie man wird, was man ist.*
  ISBN 978-85-254-3427-2

  1. Nietzsche, Friedrich Wilhelm, 1844-1900. 2. Autobiografia. 3. Escritores alemães - biografia. I. Título.

16-34074   CDD: 920.71
                                   CDU: 929:821.134.3(430)

© desta edição, L&PM Editores, 2003

Todos os direitos desta edição reservados a L&PM Editores
Rua Comendador Coruja 314, loja 9 – Floresta – 90.220-180
Porto Alegre – RS – Brasil / Fone: 51.3225.5777

Pedidos & Depto. comercial: vendas@lpm.com.br
Fale conosco: info@lpm.com.br
www.lpm.com.br

Impresso na Gráfica e Editora Pallotti, Santa Maria, RS, Brasil
Inverno de 2016

SUMÁRIO

Por que eu sou tão sábio /5

Por que eu sou tão inteligente /33

Por que eu escrevo livros tão bons /69

Cronologia / 87

POR QUE EU SOU TÃO SÁBIO

1.

A ventura da minha existência, sua unicidade talvez, repousa em sua fatalidade: eu estou, para expressá-lo em forma de enigma, morto na condição de meu pai, ao passo em que na condição de minha mãe ainda vivo e envelheço. Essa origem dupla, rebento ao mesmo tempo do mais alto e do mais baixo degrau na escada da vida, *décadent* e **princípio** a um só golpe – tudo isso, se é que há algo, esclarece aquela neutralidade, aquela liberdade de partido na relação com o problema geral da vida, que talvez me distinga dos outros. Eu tenho um faro mais apurado do que jamais teve homem algum para os sinais de princípio e de ocaso, eu sou o mestre *par excellence* nesse assunto – eu conheço ambos, eu sou ambos... Meu pai morreu com trinta e seis anos: ele era frágil, amável e mórbido, como um ser destinado apenas à transitoriedade – antes uma lembrança bondosa da vida do que a vida em si. No mesmo ano em que sua vida foi ao chão, também a minha declinou: aos trinta e seis anos cheguei ao ponto mais baixo de minha vitalidade – eu ainda vivia, mas sem enxergar mais do que três passos a minha frente. Naquela época – era 1879 – eu abdiquei da minha cátedra na Universidade de Basileia, vivi aquele verão como se fosse uma sombra em Saint Moritz e o inverno seguinte, o mais pobre em sol da minha vida inteira, **como se fosse** sombra em Naumburg. Esse foi o meu mínimo: "O andarilho e sua sombra" é produção desse período. Indubitavelmente, eu entendia de sombras naquela época... No inverno seguinte, meu primeiro inverno genovês, aquele adoçamento, aquela espiritualização, que quase era condicionada por uma miséria extrema em sangue e músculos, produziram "Aurora".[1] A clareza e a serenidade totais, até mesmo a exuberância do espírito que a obra mencionada reflete, pode ser entendida em mim não apenas devido à fraqueza psicológica mais profunda, mas inclusive por um excesso de sensações de dor. Em meio a martírios, que trouxeram consigo uma enxaqueca ininterrupta de três dias, mais vômitos de muco dos mais penosos... eu possuí uma clareza dialética *par excellence* e examinei a fundo e friamente coisas que não sou alpinista, não sou refinado, não sou **frio** o suficiente para pensar quando me encontro

---

1. O título da obra foi dado por Peter Gast, secretário de Nietzsche, a partir da epígrafe indiana que o mesmo Gast sugerira: "Há tantas auroras que ainda não brilharam" (*Rig Veda*). (N.T.)

em situações mais saudáveis. Meus leitores talvez saibam até que ponto considero a dialética como um sintoma de *décadence*, por exemplo no mais famoso dos casos: o caso de Sócrates... Todos os distúrbios doentios do intelecto, até mesmo aquele semiatordoamento, séquito da febre, permaneceram sendo coisas de todo estranhas para mim até hoje, coisas sobre cuja natureza e frequência eu apenas fui me instruir em caminho douto. Meu sangue corre lento. Jamais alguém conseguiu constatar febre em meu sangue. Um médico, que me tratou como doente nervoso por longo tempo, disse ao fim: "Não! o problema não está em seus nervos, eu mesmo estou apenas nervoso". Era simplesmente impossível de ser demonstrada qualquer degeneração local; nenhuma moléstia do estômago condicionada de forma orgânica, por mais que sempre, como consequência do esgotamento geral, se revelasse a profunda fraqueza do meu sistema gástrico. Também a moléstia nos olhos, a cegueira se aproximando pouco a pouco e perigosamente, era apenas consequência, não era causa. De modo que com cada acréscimo em força vital também a visão ficava mais forte... Convalescença significa para mim uma longa, demasiado longa série de anos – mas lamentavelmente ela significa também, ao mesmo tempo, recaída, declínio, periodismo de uma espécie de *décadence*. Será que preciso dizer, depois de tudo isso, que sou **experimentado** em questões de *décadence*? Eu a soletrei do início ao fim e de trás pra frente. Até mesmo aquela arte filigrânica de prender e compreender, aquele dedo para nuances, aquela psicologia de "ver-além--da-esquina" e tudo aquilo de que me apossei foi aprendido apenas naquela época, é o verdadeiro presente daquele tempo em que tudo se aprimorou em mim, a observação em si e todos os órgãos da observação. A partir da ótica do doente ver conceitos e valores **mais saudáveis**, e, pelo lado inverso, da abundância e da autoconfiança da vida **abastada**, olhar para baixo em direção ao trabalho clandestino do instinto da *décadence* – esse foi o meu exercício mais longo, a minha verdadeira experiência; se me tornei mestre em alguma coisa, então foi nisso. Agora o tenho às mãos, agora tenho a mão para **inverter perspectivas**: primeiro motivo pelo qual talvez chegue a ser possível para mim uma "transvaloração de todos os valores"...

2.

Desconsiderado o fato de que eu sou um *décadent*, sou também o seu contrário. Minha prova para isso é, entre outras coisas, o fato de eu sempre ter escolhido instintivamente os meios **corretos** contra as situações graves: enquanto o *décadent* costuma escolher sempre os meios prejudiciais a si mesmo. Como *summa summarum,* eu era saudável; como parcela, como especialidade, eu era um *décadent*. Aquela energia para o isolamento e para o rompimento de relações costumeiras, a compulsão contra mim mesmo, a vontade de não deixar mais me tratarem, me servirem, me **medicarem**... tudo traía o instinto de certeza incondicional acerca daquilo **que** naquela época me era necessário mais do que tudo. Eu mesmo me tomei pela mão, eu mesmo voltei a me tornar são: a condição para isso – não há psicologia que não o reconheceria – é **que ao cabo de contas a gente seja saudável**. Um ser tipicamente mórbido não pode vir a se tornar são e muito menos vir a se tornar são por sua própria conta; para alguém que é tipicamente saudável uma doença pode, ao contrário, até ser uma **estimulação** enérgica à vida, a viver mais. É assim que vejo **agora** aquele longo tempo de enfermidade: é como se eu tivesse redescoberto a vida de novo, incluindo-me dentro dela; eu degustei todas as coisas boas e até mesmo coisas insignificantes, como outros não as podem degustar com tanta facilidade – eu fiz de minha vontade para a saúde, para a **vida**, a minha filosofia...[2] Pois é preciso que se dê atenção a isso: os anos em que minha vitalidade foi mais débil foram os anos em que **deixei de ser** pessimista: o instinto do autorreestabelecimento me **proibiu** uma filosofia da miséria e do desânimo... E é nisso que se reconhece, no fundo, a **vida-que-deu-certo**![3] No fato de um homem bem-educado fazer bem aos nossos sentidos: no fato de ele ser talhado em uma madeira que é dura, suave e cheirosa ao mesmo tempo. A ele só faz gosto o que lhe é salutar; seu prazer, seu desejo acabam lá onde as fronteiras do salutar passam a estar em perigo. Ele adivinha meios curativos contra lesões, ele aproveita acasos desagradáveis em seu próprio favor; o que não acaba com ele, fortalece-o. Ele acumula por instinto tudo aquilo que vê, ouve e experimenta à **sua** soma: ele é um princípio selecionador, ele reprova muito. Ele está

---

[2]. Com a declaração, Nietzsche quer mostrar como superou a *décadence,* da qual era vítima inclusive por afinidade hereditária; como foi exitoso na batalha contra ela e como é, por isso, o mais creditado dentre os homens para combatê-la. Sua filosofia não é, portanto, o simples resultado de sua doença, mas sim a reação saudável contra ela. (N.T.)

[3]. No original *Wohlgeratenheit,* substantivo criado por Nietzsche a partir das palavras *wohl* (bem) e *geraten* (dar certo, crescer). Se nesse caso o original não tem hífen de divisão, esse é um sinal que é usado constantemente por Nietzsche na justaposição de outras palavras: só isso já justifica seu emprego aqui, tanto estilística quanto conteudisticamente. (N.T.)

sempre em **sua** própria companhia, mesmo que esteja em contato com livros, pessoas ou paisagens: ele honra pelo ato de **selecionar**, pelo ato de **permitir**, pelo ato de **confiar**. A todo o tipo de estímulo ele reage lentamente, com aquela lentidão que uma longa cautela e um orgulho desejado inculcaram nele – ele testa o estímulo que se aproxima; ele está longe de ir ao encontro dele. Ele não acredita nem no "infortúnio" nem na "culpa": ele dá conta de si mesmo e dos outros; ele sabe **esquecer**... Ele é forte o suficiente a ponto de fazer com que tudo **tenha** de vir para o seu bem... Vá lá, eu sou o **antípoda** de um *décadent*: pois acabei de descrever a **mim mesmo**.

3.

{Essa dupla série de experiências, essa acessibilidade a mundos aparentemente segregados se repete em minha natureza em todos os sentidos – eu sou um duplo, eu também tenho um "segundo" rosto, além do primeiro. E talvez também um terceiro... Tão só a minha origem me permite um olhar além de toda e qualquer perspectiva condicionada pelo meramente local, pelo meramente nacional; não me custa esforço nenhum ser um "bom europeu". Por outro lado talvez eu seja mais alemão do que alguns alemães atuais, do que alguns simples alemães imperiais[4] ainda desejariam ser – eu, o último alemão **antipolítico**. E mesmo assim meus antepassados eram nobres poloneses: por isso tenho vários instintos raciais em meu corpo, e, quem sabe?, ao fim talvez até o *liberum veto*. Quando penso nas vezes em que se dirigem a mim pensando que sou polonês, inclusive os poloneses, em quão raras são as vezes em que me tomam por alemão, poderia parecer que eu pertenço àqueles alemães **levemente matizados**. Mas minha mãe, Franziska Oehler, é, em todo caso, uma coisa assaz alemã; e o mesmo tenho de dizer da minha avó paterna, Erdmuthe Krause. Ela viveu sua juventude inteira em meio à velha Weimar, não sem se relacionar com o círculo de Goethe. Seu irmão, o professor de Teologia Krause, de Königsberg, foi chamado para ser superintendente geral em Weimar depois da morte de Herder. É possível que a mãe dela, minha bisavó, apareça sob o nome de "Muthgen" no diário do jovem Goethe. Ela se casou pela segunda vez com o superintendente Nietzsche, em Eilenburg; no dia do grande ano da guerra

---

4. *Reichsdeutsche* no original, ou seja, alemães do *Reich*, do império, imperiais. Nietzsche refere-se ao Estado criado por Bismarck em 1871, com a unificação alemã, e que vigoraria até 1918, quando foi proclamada a República de Weimar. (N.T.)

de 1813, quando Napoleão e seu estado-maior avançaram sobre Eilenburg, em 10 de outubro, ela teve o seu parto. Assim como toda a saxã, ela era uma admiradora de Napoleão; pode ser que também eu ainda o seja. Meu pai, nascido em 1813, morreu em 1849. Antes de assumir o cargo de pastor da comunidade de Röcken, perto de Lützen, meu pai viveu por alguns anos no castelo de Altenburg e deu aulas a suas quatro princesas. Suas alunas hoje são a rainha de Hanôver, a grã-duquesa Constantin, a grã-duqueza de Oldenburg e a princesa Therese, da Saxônia-Altenburg. Ele era cheio de uma piedade profunda para com o rei prussiano Frederico Guilherme IV,[5] do qual recebeu o cargo de pastor; os acontecimentos de 1848 afligiram-no em alto grau. Eu próprio, nascido no mesmo dia em que o rei mencionado nasceu, em 15 de outubro, recebi, conforme me parece adequado, o nome dos Hohenzollern: **Friedrich** Wilhelm. Pelo menos uma vantagem existia no fato de eu ter nascido naquele dia: meu aniversário foi, durante toda a minha infância, um dia de festa. – Eu considero um privilégio grandioso ter tido um pai assim: me

---

5. Em alemão Friedrich Wilhelm, exatamente como o nome que Nietzsche viria a receber – ele o diz a seguir. A política conservadora de Frederico Guilherme IV, inspirada no direito divino, provocou a Revolução de 1848, o que esclarece a referência aos "acontecimentos de 1848" que vem a seguir. (N.T.)

parece, inclusive, que com isso ficam esclarecidos todos os outros privilégios que eu tenho – a vida, **não** incluído o grande sim à vida. E antes de tudo, o fato de eu não necessitar nenhuma intenção, mas apenas a simples espera, para adentrar involuntariamente em um mundo de coisas altaneiras e suaves: é lá que estou em casa, é só lá que minhas paixões mais internas se tornam livres. O fato de eu quase ter pago com a vida por esse privilégio, por certo não é um preço irrisório. – Para entender alguma coisa do meu Zaratustra, talvez tenha-se de ser condicionado de maneira semelhante como eu o fui – com um pé **além** da vida...}[6]

---

6. Toda essa parte entre chaves matemáticas ({}) aparece apenas nas edições anteriores à Edição Crítica das obras de Nietzsche, encaminhada por Giorgio Colli e Mazzino Montinari, em 1969. Ela é assaz fantasiosa, sobretudo no que diz respeito à origem nobre e polonesa que Nietzsche diz ser a sua – pesquisas na árvore genealógica do autor só encontram alemães entre seus ascendentes –, fantasia que aliás continua viva naquele que ficou estabelecido como o Capítulo 3 da parte intitulada "Por que eu sou tão sábio", e começa de fato a seguir. No final de dezembro de 1888 – sobretudo –, Nietzsche ainda faria uma série de correções ao manuscrito do *Ecce homo*. E este Capítulo 3 – refeito – foi encontrado pelos editores da Obra Crítica entre os papéis de Peter Gast, compositor, aluno e amigo de Nietzsche, nos Arquivos de Weimar. Gast havia enviado o manuscrito da revisão à irmã do filósofo, mas esta o destruiu; afortunadamente, o amigo fizera uma cópia antes de enviá-lo. Desde a primeira edição da obra – que, como a "morte espiritual" de Nietzsche, só viria a ocorrer em 1908 – até 1969, o que existiu foi apenas a parte entre chaves matemáticas. (N.T.)

Eu considero um grande privilégio ter tido um pai assim: os camponeses, diante dos quais ele pronunciava seus sermões – pois, depois de viver alguns anos na corte de Altenburg, ele foi pregador durante os últimos anos de sua vida –, diziam que assim como ele era é que, por certo, devia ser um anjo... E com isso eu toco a questão da raça. Eu sou um nobre polonês *pur sang*, no qual não se misturou uma gota sequer de sangue ruim, muito menos de sangue alemão. Quando eu procuro o mais profundo dos antagonismos a mim mesmo, a baixeza incalculável dos instintos, eu sempre encontro minha mãe e minha irmã[7] – acreditar no parentesco com uma *canaille* do tipo seria uma blasfêmia contra minha divindade. O tratamento que minha mãe e minha irmã me aplicaram até o presente instante instilam em mim um horror indizível: aqui trabalha uma máquina infernal perfeita, com uma certeza infalível a respeito dos instantes em que podem me arrancar sangue – nos meus instantes mais altaneiros... pois é nesses instantes que me falta qualquer força para a defesa contra a bicheira venenosa... A contiguidade fisiológica é que torna possível essa *disharmonia praestabilita*...

---

7. Eis, pois, a razão do auto de fé – da fogueira inquisitiva – fraterno. A violência do ataque de Nietzsche à irmã, Elisabeth – e à mãe –, seria a desforra – antecipada – pela malversação de seu legado, da qual sua família foi a mola propulsora. (N.T.)

Eu confesso que a mais profunda objeção contra o "eterno retorno", meu pensamento verdadeiramente **abismal**, sempre são minha mãe e minha irmã... Mas também na condição de polonês eu sou um atavismo colossal. Ter-se-á de voltar séculos no tempo, para encontrar essa mais nobre das raças que jamais existiu sobre a terra, na proporção livre de instintos em que eu a represento. Eu tenho, contra tudo aquilo que hoje chamam de *noblesse*, um sentimento soberano de distinção – eu não haveria de conceder ao jovem imperador alemão a honra de ser meu cocheiro. Existe apenas um único caso em que reconheço minha igualha – e eu o confesso com profunda gratidão. A senhora Cosima Wagner é, de longe, a natureza mais nobre;[8] e, a fim de que eu não acabe dizendo nenhuma palavra de menos, digo que Richard Wagner foi, de longe, o homem mais aparentado comigo... O resto é silêncio... Todos os conceitos dominantes a respeito de grau de parentesco são um contrassenso fisiológico que não pode ser superado. O papa ainda hoje faz negócios com esse contrassenso. Com ninguém a gente é **menos** aparentado do que com seus pais: seria o

---

8. Numa carta da virada do ano de 1888 para o ano de 1889 – que já imaginava o livro pronto, e inclusive impresso –, Nietzsche diz à Cosima Wagner que ela é a única mulher digna de receber o primeiro exemplar do *Ecce homo;* e assina *O Anticristo.* (N.T.)

sinal mais visível de baixeza ser aparentado com os próprios pais. As naturezas mais altas têm sua origem em tempos infinitamente anteriores; para que elas surgissem foi necessário coletar, poupar, acumular por muito tempo. Os **grandes** indivíduos são os mais velhos: eu não compreendo isso, mas Júlio César poderia ser meu pai – **ou** Alexandre, esse Dioniso corporal... No instante em que escrevo o que estou escrevendo, o correio me traz uma cabeça de Dioniso...[9]

4.

Eu jamais compreendi a arte de me indispor comigo mesmo – e também isso eu devo a meu pai incomparável –, mesmo quando isso me pareceu ser de grande valor. Eu inclusive não me senti, por mais que uma afirmativa dessas possa parecer pagã, uma só vez que fosse, indisposto comigo

---

9. O *Ecce homo* é um dos últimos – o último de vulto – suspiros de Nietzsche antes do abismo. Depois dele viriam apenas os *Ditirambos de Dioniso*. A "insânia" – genial, seja dito – que assolava o filósofo aumentava a cada página. Assim, os sinais do abismo são mais visíveis no capítulo revisado – posterior e definitivo a partir da edição de Montinari – do que nas versões anteriores. Após o colapso, ocorrido alguns dias depois, em 3 de janeiro na cidade de Turim, Nietzsche escreveu uma série de cartas e bilhetes assinando ora com o nome de "Dioniso", ora com o epíteto "O Crucificado"; uma delas seria enviada a Cosima Wagner (NOTA anterior) a outra a Bismarck (N.T.)

mesmo; pode-se virar minha vida de frente e do avesso e apenas raramente, na verdade apenas uma única vez, se encontrará rastros de que alguém teve contra mim más intenções – mas talvez venha a se encontrar rastros um tanto demasiados de **boas** intenções... Minhas próprias experiências com esse tipo de gente, com o qual todo mundo tem más experiências, falam, sem exceção, em favor deles; eu amanso qualquer urso e sou capaz até de fazer de um palhaço uma pessoa decente. Durante os sete anos em que ensinei grego nas classes mais altas do Liceu de Basileia,[10] jamais tive motivo para pôr alguém de castigo; os mais vagabundos eram diligentes comigo. Sempre fui capaz de superar o acaso – eu tenho de estar despreparado, para me tornar senhor de mim mesmo. O instrumento, qualquer que seja, por mais desafinado que esteja, e mesmo que esteja tão desafinado como apenas o intrumento "homem" pode se apresentar – eu tinha de estar enfermo para não ser capaz de arrancar dele algo que fosse agradável de se ouvir... E quantas vezes ouvi dos próprios "instrumentos" que eles mesmos jamais haviam se ouvido assim, tão bem... O mais belo dos sons talvez tenha vindo daquele

---

10. Na Universidade da Basileia, os professores da Faculdade de Filosofia tinham de lecionar também às classes superiores do *Pädagogium* ou Liceu Clássico, a escola secundária. (N.T.)

Heinrich von Stein, hoje imperdoavelmente morto, que certa vez, depois de alcançar uma permissão solicitada com todo o receio, apareceu por três dias em Sils-Maria, esclarecendo a todo mundo que **não** havia vindo por causa de Engadina. Esse homem excelente, que com toda a ingenuidade impetuosa de um nobre prussiano havia mergulhado no brejo wagneriano (e também, ainda por cima, no dühringuiano![11]), transformou-se durante esses três dias como se tivesse sido bafejado pelo furacão da liberdade, como alguém que de repente é elevado à **sua** altura e então ganha asas. Eu sempre lhe disse que quem realizava isso eram os bons ares daqui de cima e que isso acontece a todo mundo, que não é debalde que se está seis mil pés acima de Bayreuth[12] – mas ele não quis acreditar em mim... Se, apesar disso, foi cometido contra mim algum delito grande ou pequeno, não foi "a intenção", e menos ainda a **má** intenção que o motivou: eu teria de me queixar, muito antes – e já o insinuei há pouco –, contra a boa intenção,

---

11. Referência a Karl Eugen Dühring (1833-1901). Filósofo e economista político alemão; egresso da esquerda hegeliana, discípulo de Feuerbach e positivista; tornou-se famoso pelo ataque que Engels moveu contra ele em *Anti-Dühring*. (N.T.)
12. A ironia é maravilhosa. Bayreuth é a capital do distrito da Alta Francônia, na Baviera, e sede anual do famoso festival wagneriano. Por que a ironia é maravilhosa? Foi lá que Wagner viveu e produziu... (N.T.)

que acabou provocando um abuso nem um pouco insignificante em minha vida. Minhas experiências me dão o direito de desconfiar, mormente no que diz respeito aos assim chamados impulsos "desinteressados", de tudo aquilo que tem a ver com o "amor ao próximo", sempre disposto à ação e ao conselho. Para mim, o "amor ao próximo" é nada mais do que uma fraqueza, um caso isolado que demonstra a incapacidade de opôr resistência a um estímulo – a **piedade** é uma virtude apenas entre os *décadents*. Eu acuso os piedosos de se perderem em sua vergonha, em sua reverência, em seu instinto delicado para as distâncias; a piedade, por sua vez, acuso-a de feder a povo num simples piscar de olhos, e de ser muito parecida com as más maneiras, com as quais facilmente pode ser confundida, aliás – olhos piedosos podem, conforme as circunstâncias, interferir de modo destruidor em um destino grandioso, em um isolamento entre feridas, em um **privilégio** para grandes culpas. A superação da piedade, eu a coloco entre as virtudes **nobres**: eu chamei de "a tentação de Zaratustra"[13] um caso em que um grande grito de desespero chegou até ele, em que a piedade tomou conta dele como se fosse o último pecado, tentando aliená-lo de **si** mesmo. Continuar senhor de si mesmo num caso desses,

---

13. Na Parte IV da obra *Assim falou Zaratustra*. (N.T.)

manter a **grandeza** de sua tarefa livre dos vários impulsos mesquinhos e míopes que se mostram nas assim chamadas ações desinteressadas, essa é a provação, talvez a última provação pela qual um Zaratustra tem de passar – a sua verdadeira **prova de força**...

5.

Também em outro ponto eu sou igual a meu pai e, ao mesmo tempo, a continuação de sua vida depois de sua morte demasiado precoce. Assim como qualquer um que jamais tenha vivido entre seus iguais, e para o qual o conceito "desforra" é tão inacessível como por exemplo o conceito "direitos iguais", eu veto a mim mesmo qualquer retaliação, qualquer atitude de proteção em casos nos quais é cometida contra mim uma pequena ou até mesmo uma **grande bobagem** – e, como seria de se esperar, também qualquer defesa, qualquer "justificação". O meu método de desforra consiste em mandar, o mais rápido possível, uma atitude inteligente atrás de uma burrice: assim, talvez a mesma ainda possa ser alcançada. Para falar numa comparação: eu mando um pote de confeites para me livrar de uma história **azeda**... Basta que me façam algo de mau, que eu vou à "desforra" por causa disso, isso é certo: em pouco tempo encontro uma oportunidade de expressar meu agradecimento ao "malfeitor" (inclusive agradecendo-lhe o malfeito) – ou de **pedir** algo a ele, o que pode ser mais cortês do que dar alguma coisa... Também me parece que a palavra mais grosseira, a carta mais grosseira, ainda é mais bondosa, mais honesta do que o silêncio. Àqueles que silenciam quase sempre lhes falta algo em fineza e polidez de coração; silenciar é uma objeção; engolir sapos faz, irremediavelmente, um mau caráter – e inclusive estraga o estômago... Todos aqueles que silenciam são dispépticos. – Vede bem, eu não pretendo ver a grosseria sendo desprezada, ela é, de longe, a forma **mais humana** da objeção e, em meio à suavização moderna, uma de nossas maiores virtudes. Se a gente é rico o suficiente, é até mesmo uma ventura não ter razão. Um deus, que viesse à terra, por certo não haveria de **fazer** nada a não ser injustiças – tomar não o castigo, mas sim a **culpa** sobre as costas, isso é que seria divino.

6.

A libertação do ressentimento, a elucidação sobre o ressentimento – quem é capaz de saber o quanto sou obrigado a agradecer à minha longa enfermidade também por causa disso! O problema não é exatamente simples: a gente tem de tê-lo vivido em toda a sua força e em toda a sua fraqueza. Se há alguma coisa que deve ser valorizada contra o estar enfermo, contra o estar fraco, então é o fato de que nesse estado o verdadeiro instinto à cura, ou seja, o **instinto armado e de defesa** se torna lasso. A gente não consegue mais se livrar de nada, a gente não consegue mais dar conta de nada, a gente não consegue mais evitar nada – tudo machuca. Homem e coisa se aproximam de maneira atrevida, as vivências atingem fundo demais, a recordação é uma ferida purulenta. Estar doente **é** uma espécie de mágoa em si. – Contra tudo isso o enfermo tem apenas um grande remédio – eu o chamo de **fatalismo russo,** aquele fatalismo sem revolta com o qual um soldado russo, para o qual a campanha se torna dura por demais, fica deitado sobre a neve. Não aceitar absolutamente mais nada, não tomar mais nada, não ingerir nada, não levar mais nada **para dentro** de si – não reagir, em última instância... A grande razão desse fatalismo, que nem sempre é apenas a coragem para a morte, que mantém alguém vivo sob as circunstâncias mais ameaçadoras à vida, é a diminuição do metabolismo, seu retardamento, uma espécie de vontade de hibernar. Alguns passos adiante nessa lógica e temos o faquir, que é capaz de dormir por semanas inteiras em sua cova... Porque a gente se consumiria com demasiada rapidez, **caso** reagisse, a gente passa a não reagir mais: essa é a lógica. E nada é capaz de nos haurir de modo mais rápido do que as emoções da mágoa. O desgosto, a suscetibilidade doentia, a impotência para a vingança, o desejo, a sede de vingança, o ato de mexer nos venenos da alma em todos os sentidos – por certo é, para os esgotados, a pior maneira de reagir: um consumo rápido da força nervosa, uma elevação doentia de despejos nefastos, por exemplo da bílis no estômago, são condicionados por essas coisas. A mágoa, o ressentimento, é o proibido **em si** para os enfermos – **sua** propensão malévola, mas, lamente-se, também a sua propensão mais natural. Tudo isso já foi compreendido por aquele psicólogo profundo: Buda. Sua "religião", que poderia ser melhor classificada como uma **higiene**, a fim de não misturá-la a coisas tão altamente dignas de pena como o cristianismo, fazia seus efeitos dependerem do triunfo sobre o ressentimento: libertar a alma **disso** – eis o primeiro passo para o restabelecimento. "Não é através da hostilidade que se põe um fim à hostilidade, é através da amizade que se põe um fim à hostilidade": é isso que está no princípio dos ensinamentos de Buda – e assim **não** fala a moral, assim fala a psicologia. O ressentimento, nascido da fraqueza, não é prejudicial a ninguém mais do que ao próprio fraco – no caso inverso, em que uma natureza rica é o pressuposto, ele é um sentimento **desnecessário**, um sentimento que, dominado, já concede, por assim dizer, a prova da riqueza de quem o domina. Quem conhece a seriedade com a qual minha filosofia principiou a batalha contra o sentimento da vingança e da revanche, até chegar à doutrina do "livre-arbítrio" – a batalha contra o cristianismo é apenas um caso isolado dentro dela –, haverá de entender por que trago à luz minha conduta pessoal, minha **certeza instintiva** na práxis. Nos tempos da *décadence* eu os **proibi** a mim mesmo por serem daninhos; e assim que a vida voltou a ser abundante e orgulhosa o suficiente, proibi-os por estarem **abaixo** de mim. Aquele "fatalismo russo" do qual falei apareceu ao palco de minhas atitudes, a ponto de fazer com que me aferrasse durante anos a situações quase insuportáveis, a lugares, moradas, companhias, depois de me serem concedidos uma vez pelo acaso... Era melhor do que tentar mudá-los, do que **senti-los** capaz de serem mudados – do que me insubordinar contra eles... Se era importunado nesse fatalismo, se era despertado com violência, eu o levava mortalmente a mal – na verdade isso era, em todas as vezes, mortalmente perigoso... Tomar-se a si mesmo como um fado, não se querer "diferente" – isso é, em tais situações, a **grande razão** em si.

7.

Outra coisa é a guerra. A minha maneira de ser é guerreira. Atacar faz parte dos meus instintos. **Poder** ser inimigo, ser inimigo – isso talvez pressuponha uma natureza forte, em todo caso é uma condição de toda a natureza forte. Ela precisa de resistências, por isso ela busca resistência: o *páthos* **agressivo** faz parte, necessariamente, da força, assim como os sentimentos da vingança e da revanche fazem parte da fraqueza. A mulher, por exemplo, é vingativa: isso é condicionado por sua fraqueza tanto quanto pelo seu interesse pela penúria alheia. – A força daquele que ataca tem na resistência, que ele necessita, uma espécie de **medida**; todo crescimento se revela na procura de um inimigo – ou de um problema – poderoso: pois um filósofo que é guerreiro também desafia os problemas a duelar com ele. A tarefa **não** é, absolutamente, se tornar senhor sobre as resistências comuns, mas sim sobre aquelas que exigem que a gente acione toda a força, toda a flexibilidade e a maestria nas armas – subjugar inimigos **iguais**... Igualdade ante o inimigo – o primeiro pressuposto de um duelo **honesto**. Onde a gente despreza, não se **pode** fazer guerra; onde a gente ordena, onde a gente vê alguma coisa **abaixo** de si, não se deve fazer guerra. – Minha práxis na guerra pode ser resumida em quatro sentenças. Primeiro: eu apenas ataco coisas que são vitoriosas – caso for necessário eu espero até que elas sejam vitoriosas. Segundo: eu apenas ataco coisas contra as quais jamais encontraria aliados, contra as quais tenho de me virar sozinho – contra as quais tenho de me comprometer sozinho... Jamais dei um passo em público que não comprometesse: é esse o **meu** critério da ação correta. Terceiro: eu jamais ataco pessoas – eu apenas me sirvo da pessoa como de uma poderosa lente de aumento, através da qual é possível tornar manifesta uma situação de necessidade comum, mas furtiva e pouco tangível. Foi assim que ataquei David Strauss, ou, mais precisamente, o **sucesso** de um livro caquético junto à "formação" alemã – e peguei essa formação em flagrante... Foi assim que eu ataquei Wagner, ou, mais precisamente, a falsidade, o hibridismo instintivo de nossa "cultura", que confundia os refinados com os ricos, os tardios com os grandes. Quarto: eu apenas ataco coisas contra as quais todo o tipo de diferença pessoal é excluído, contra as quais não existe qualquer segundo plano relativo a más intenções. Pelo contrário, atacar é uma prova de bem-querer em mim e, conforme a circunstância, de agradecimento. Eu honro, eu distingo com o fato de unir meu nome a uma coisa, a uma pessoa: contra ou a favor – para mim não importa. Se declarei guerra ao cristianismo, isso me é permitido porque não experimentei da parte dele quaisquer fatalidades ou embaraços – os cristãos mais sérios sempre foram ponderados em relação a mim. Eu mesmo, um opositor *de rigueur* do cristianismo, estou longe de guardar rancor a um indivíduo por causa de algo que representa o infortúnio de milênios...

8.

Posso permitir-me a ousadia de insinuar ainda um último traço da minha natureza, que me apronta grandes dificuldades no convívio com as pessoas? É própria de mim uma sensibilidade completa e sinistra do instinto de limpeza, de modo que eu percebo fisicamente – **farejo** – a proximidade ou – o que estou dizendo? – as partes mais internas, as "entranhas" de todas as almas... Eu tenho antenas psicológicas nessa sensibilidade, com as quais apalpo todos os segredos, me apossando deles: a imensa sujeira **escondida** no fundo de algumas naturezas, talvez condicionada pelo sangue ruim, mas caiada pela educação, eu já a percebo quase ao primeiro toque. Se é que observei corretamente, essas naturezas insuportáveis ao meu asseio sentem – também elas – as precauções do meu asco: mas nem por isso passam a cheirar melhor... Conforme sempre foi meu hábito – uma pureza extrema em relação a mim mesmo é o pressuposto da minha existência, eu sucumbo em meio a condições impuras –, eu nado, tomo banho e fico a patinhar, sem parar jamais, nem me cansar, como se estivesse na água ou em qualquer outro elemento completo, transparente e brilhante. Isso torna o contato com as pessoas uma prova de paciência nem um pouco desprezível para mim; minha humanidade **não** consiste em sentir junto com a pessoa como ela é, mas sim em **suportar** o fato de senti-la... Minha humanidade é uma constante autossuperação... Mas eu tenho necessidade da **solidão**, quero dizer da convalescença, do retorno a mim mesmo, de um ar livre, leve e solto... Todo o meu Zaratustra é um ditirambo à solidão, ou, caso tenham me entendido de verdade, um hino à **pureza**... Por sorte não um hino à **pura tolice**...[14] Quem tiver olhos para as cores haverá de chamá-lo de diamante... O asco ao ser humano, à "gentalha" sempre foi meu

---

14. *Reine Torheit,* no original. Ironia ao *Parsifal* de Wagner. O nome Parsifal tem origem árabe e significa algo como "tolo puro", ou seja, um herói casto e ingênuo, à prova de qualquer tentação de ordem mundana. (N.T.)

maior perigo... Quereis ouvir as palavras nas quais Zaratustra fala da **salvação** do asco?

O que foi que aconteceu comigo? Como foi que me salvei do asco? O que foi que rejuvenesceu meu olho? Como foi que alcancei as alturas nas quais não há mais gentalha sentada junto à fonte?

Foi o próprio asco que me deu asas e forças capazes de pressentir as fontes? De verdade, eu tive de voar ao lugar mais alto para poder reencontrar a nascente do prazer!...

Ah, e eu a encontrei, meus irmãos! Aqui, no lugar mais alto, a nascente do prazer jorra sobre mim! E há uma vida na qual não há gentalha nenhuma bebendo junto!

Quase jorras demasiado violenta sobre mim, oh, fonte do prazer! E muitas vezes esvazias a caneca ao quereres enchê-la.

E mesmo assim tenho de aprender a me aproximar de ti de um modo mais humilde: meu coração ainda corre ao teu encontro com demasiada violência:

– Meu coração, sobre o qual meu verão queima, esse verão curto, quente, taciturno e supra-aventurado: como o meu coração canicular clama por teu frescor!

Passada é a tristeza vacilante da minha primavera! Foram-se os flocos de neve da minha maldade em junho! Verão eu me tornei, verão à tarde...

– Um verão no alto, com fontes frescas e sossego venturoso: oh, vinde, meus amigos, a fim de que o sossego se torne ainda mais venturoso!

Pois esta é a **nossa** altura e a nossa pátria: nós moramos num lugar alto e escarpado por demais para as pessoas impuras e sua sede.

Lançai apenas vossos olhos puros à nascente do meu prazer, amigos! Por que ela haveria de se turvar? Rir ao vosso encontro com **sua** pureza, é o que ela há de fazer.

Sobre a árvore Futuro nós faremos nosso ninho; águias haverão de trazer alimento para nós, solitários, em seus bicos!

De verdade, nenhum alimento do qual poderão comer os impuros! Eles pensariam estar devorando fogo e queimariam suas bocas.

De verdade, não mantemos aqui nenhuma morada disponível a impuros! Seus corpos e seus espíritos chamariam nossa ventura de cavernas de gelo!

E que ventos fortes nós queremos vivenciar sobre eles; vizinhos das águias, vizinhos da neve, vizinhos do sol: vivam, portanto, os ventos fortes.

E como um vento quero, ainda uma vez, soprar entre eles, e com meu espírito roubar o fôlego ao espírito deles: é assim que o quer meu futuro.

De verdade, Zaratustra é um vento forte para todas as planícies; e um conselho desses ele dá a seus inimigos e a tudo que cospe e escarra: guardai-vos de escarrar **contra** o vento!...[15]

---

15. Citação do *Zaratustra,* Parte II, "Da gentalha". (N.T.)

POR QUE EU SOU TÃO INTELIGENTE

1.

– Por que eu sei algo **mais**? Por que, acima de tudo, eu sou tão inteligente? Jamais me pus a pensar a respeito de perguntas que não são perguntas – eu não me esbanjei... Dificuldades **religiosas** de verdade, por exemplo, eu jamais as conheci por minha própria experiência. Sequer me dei conta até que ponto eu deveria me sentir "pecaminoso". Do mesmo modo me falta um critério confiável para saber o que é um sentimento de culpa: segundo aquilo que se **ouve** a respeito disso, um sentimento de culpa não me parece nada digno de atenção... Eu não gostaria de abandonar uma ação a seu próprio destino **depois** de cometê-la; preferiria, muito antes, nem avaliar de maneira definitiva um desfecho ruim, as **consequências** de um ato. A gente perde mui facilmente o olhar **correto** para aquilo que a gente fez quando o desfecho é ruim: um sentimento de culpa me parece uma espécie de "olhar **maldoso**". Guardar na honra aquilo que acaba dando errado, tanto mais **pelo fato** de ter dado errado – isso está bem mais perto de fazer parte da minha moral... "Deus", "imortalidade da alma", "salvação", "além" são conceitos para os quais nunca dediquei atenção, nem mesmo tempo, inclusive quando era criança – talvez eu jamais tenha sido criança o suficiente para tanto... Estou longe de conhecer o ateísmo na condição de resultado, menos ainda como acontecimento: em mim ele é compreensível na qualidade de instinto. Eu sou curioso por demais, **questionável** por demais, animado por demais para poder aceitar uma resposta esbofeteada. Deus é uma resposta esbofeteada e grosseira, uma indelicadeza contra nós, os pensadores – no fundo apenas uma **proibição** esbofeteada e grosseira contra nós: vós não deveis pensar!... Me interessa de maneira bem diferente uma questão à qual a "sorte da humanidade" está ligada muito mais intimamente do que a qualquer curiosidade teológica: a questão da **nutrição**. A gente pode formulá-la da seguinte forma para suas próprias conveniências: "Como é que deves te alimentar a fim de alcançares teu máximo em forças, em *virtù*, segundo o conceito renascentista, ou seja, em virtude livre de moralina[1]?" Minhas experiências são tão ruins quanto possíveis nesse âmbito; estou atônito por ter ouvido esta pergunta

---

1. Moralina: Neologismo – cheio de ironia e com sufixo adequado – criado por Nietzsche. (N.T.)

tão tarde, por ter aprendido a "razão" tão tarde a partir dessas experiências. Apenas a indignidade absoluta de nossa formação alemã – seu "idealismo" – é capaz de explicar mais ou menos por que eu, justamente nesse aspecto, fiquei atrasado a ponto de quase atingir a santidade.[2] Essa "formação", que desde o princípio ensina a perder a **realidade** de vista, a fim de perseguir objetivos bem mais problemáticos e assim chamados de "ideais", como por exemplo a "formação clássica" – como se já desde o princípio não se estivesse condenado a unir em um só conceito as palavras "clássico" e "alemão"! Isso chega a soar divertido... É só pensar em um alemão de Leipzig, "formado de maneira clássica"!... De fato, até os meus anos mais maduros eu sempre me alimentei **mal** – o que, expressado em linguagem moral, quer dizer, "impessoalmente", "desinteressadamente", "altruistamente", para a salvação dos cozinheiros e dos outros irmãos em Cristo. Eu neguei, por exemplo, graças à cozinha de Leipzig – ao mesmo tempo em que fazia meus primeiros estudos de Schopenhauer (em 1865) –, de maneira bastante séria a minha "vontade de

---

2. A libertação do "idealismo" – de raiz alemã – corre paralela à libertação da enfermidade narrada por Nietzsche anteriormente. O "idealismo" é o fado não apenas de Nietzsche em particular, mas também o fado – e a doença – do mundo inteiro. (N.T.)

viver". Devido à alimentação insuficiente ainda vir a estragar seu estômago – esse problema me pareceu ser resolvido de modo surpreendentemente feliz pela cozinha mencionada. (Diz-se que o ano de 1866 trouxe uma mudança bastante sensível nesse sentido...)[3] Todavia a cozinha alemã como um todo – quantas são as coisas, quantos são os homens que lhe pesam na consciência! A sopa **antes** da refeição (chamada de *alla tedesca* ainda nos livros de cozinha venezianos do século XVI); as carnes cozidas em demasia, as saladas engorduradas e farinhentas; a degeneração dos pudins em pesa-papéis! E se ainda for acrescentado a tudo isso a necessidade bestial dos velhos, mas nem de longe **apenas** dos velhos alemães, de regar tudo o que foi comido e entender-se-á também a origem do **espírito alemão** – vísceras enturvadas... O espírito alemão é uma indigestão, ele não é capaz de dar conta de nada... Mas também a dieta **inglesa,** que, em comparação com a alemã, e até mesmo com a francesa, é uma espécie de "volta à natureza", ou seja, ao canibalismo, repugna profundamente o meu próprio instinto; me parece que ela dá pés **de chumbo** ao espírito – pés de inglesa... A melhor

---

3. Provável referência – ademais irônica – à ocupação da Saxônia (Leipzig é uma das principais cidades saxãs) por parte da Prússia durante a Guerra Austro-Prussiana de 1866. (N.T.)

cozinha é a do **Piemonte**... Alcoólicos são prejudiciais a mim; um copo de vinho ou de cerveja por dia é o que basta para fazer da minha vida um "vale de lágrimas" – em Munique vivem os meus antípodas...[4] Admitindo que o entendi um pouco tarde, posso dizer que o **vivenciei** já na infância. Quando eu era garoto, acreditava que beber vinho fosse, assim como fumar tabaco, apenas uma *vanitas* de pessoas jovens no começo, para mais tarde virar um hábito ruim. É possível que o vinho de Naumburg também tenha alguma culpa nesse juízo **azedo**. Para acreditar que o vinho **alegra** eu teria de ser cristão, quero dizer, teria de acreditar, o que para mim é uma absurdidade. O estranho é que uma pequena – e até mesmo bem-diluída – dose de álcool pode me levar a um melindre extremo, mas quando se trata de doses **fortes** eu quase me transformo num marinheiro. Já quando era garoto provei minha bravura nesse sentido. Escrever um longo tratado em latim em uma noite de vigília, e de quebra passá-lo a limpo, sentindo o orgulho

---

4. Aqui, assim como nos dois travessões anteriores, fica ainda mais clara a função de silêncio antes do estrondo que Nietzsche concede à aplicação do travessão. Conforme disse Heine, "Nada é mais silencioso do que um canhão antes do tiro"... e a ironia de Nietzsche é genial: o espírito alemão tem vísceras enturvadas, as inglesas têm pés de chumbo e os muniquenses são borrachos. (N.T.)

conduzir minha pena na imitação de meu ídolo, Salústio, em sua austeridade e concisão, e ainda por cima verter um grogue do mais grosso calibre sobre o meu latim, isso já me era possível nos tempos de estudante no venerável Schulpforta e não se contrapunha à minha fisiologia, e talvez nem mesmo à de Salústio – por mais que se oponha à do venerável Schulpforta...[5] Mais tarde, por volta da metade da minha vida, eu me decidi livremente e de modo cada vez mais duro **contra** todo o tipo de bebida "espirituosa": eu, um inimigo do vegetarianismo por experiência, exatamente conforme Richard Wagner, que foi quem me converteu, não saberia recomendar com seriedade suficiente a abstenção incondicional de bebidas alcólicas a todas as naturezas **mais espirituosas**. A **água** é suficiente... Eu prefiro lugares nos quais se tem – em todos os locais – a oportunidade de buscar água em fontes correntes (Nice, Turim, Sils); um pequeno copo me segue como se fosse um cão. *In vino* **veritas**: parece que também aqui eu discordo do mundo

---

5. Mais um exemplo da ironia cheia de elipses e insinuações praticada por Nietzsche; um pensamento é interrompido de maneira brusca, e a ele se segue um complemento irônico. Schulpforta era uma escola severa – com internato –, de larga tradição pedagógica, fundada por Moritz da Saxônia (1696-1750), o filho de Augusto, o Forte. Ficava no antigo mosteiro dos monges cistercienses, levantado em 1136. (N.T.)

inteiro a respeito do conceito "verdade"... No meu caso o espírito paira sobre a **água**...[6] Mais algumas indicações a respeito da minha moral. Uma refeição vigorosa é mais fácil de ser digerida do que uma refeição demasiado pequena. O fato de o estômago entrar em atividade como um todo é o primeiro pressuposto de uma boa digestão. A gente tem de **conhecer** o tamanho de seu estômago. Pelo mesmo motivo não se pode recomendar aquelas refeições demoradas, as quais chamo de sacrifício festivo interrompido e têm lugar na *table d'hôte*... Nada de comer entre as refeições, nada de café: o café nos torna sombrios. **Chá** saudável apenas pela manhã.[7] Pouco, mas enérgico; chá assaz prejudicial e adoentador durante um dia inteiro quando estiver apenas um tantinho fraco demais. Todos têm sua medida nesse aspecto, muitas vezes as diferenças são mínimas e delicadas. Num clima irritante em demasia o chá não é recomendável para o começo: é melhor tomar, uma hora antes, uma xícara de cacau bem grosso e desengordurado para começar... **Sentar** o menos possível; não acreditar

---

6. Referência ao livro do Gênesis, na Bíblia, Cap. 1, Vers. 1. (N.T.)

7. Um exemplo – desta vez claríssimo – da elipse nietzschiana. Aqui, o autor simplesmente ignora o verbo e dá um caráter ainda mais receitante – e portanto adequado – ao trecho, ao dizer que o chá apenas é saudável pela manhã. (N.T.)

em nenhum pensamento que não tenha nascido ao ar livre e em livre movimentação – quando também os músculos estiverem participando da festa. Todos os preconceitos vêm das vísceras... A vida sobre as nádegas – eu já o disse uma vez[8] – é que é o verdadeiro **pecado** contra o espírito santo...

2.

Aparentadas à questão da nutrição são as questões relativas ao **lugar** e ao **clima**. Ninguém é livre para viver em qualquer lugar; e quem tem grandes tarefas a realizar, que desafiam toda a sua força, inclusive tem um campo de escolha bem restrito nesse aspecto. A influência climática sobre o **metabolismo**, sua redução e seu aumento, vai tão longe que uma escolha errada no que diz respeito ao lugar e ao clima pode não apenas alienar alguém de sua tarefa, como também chegar ao ponto de evitar que ele chegue até ela: e então ele jamais fica cara a cara com ela. O vigor animal nunca se tornou grande o suficiente nele a ponto de fazer com que ele alcançasse aquela liberdade que transborda em direção ao espiritual, na qual alguém é capaz de reconhecer:

---

8. Referência a *Crepúsculo dos ídolos,* sua própria obra, escrita em oposição a *O crepúsculo dos deuses,* a última ópera da tetralogia de Wagner *O anel dos nibelungos*. (N.T.)

isso eu posso fazer sozinho... Uma indolência das vísceras, por menor que seja, se levada à condição de mau hábito, é perfeitamente suficiente para fazer de um gênio algo mediano, algo "alemão" – só o clima alemão já basta para desencorajar vísceras robustas e até mesmo heroicas. A velocidade do metabolismo está intimamente ligada à capacidade de movimento ou à capenguice dos **pés** do espírito; o próprio "espírito" na verdade não passa de uma forma desse metabolismo. Se juntarmos os lugares em que houve e há pessoas espirituosas, que além de tudo e por sorte tinham humor, refinamento e malícia, nos quais o gênio se tornou familiar quase por obrigação... veremos que todos eles possuem um ar primorosamente seco. Paris, a Provença, Florença, Jerusalém, Atenas – ora, esses nomes provam alguma coisa: o gênio é **condicionado** pelo ar seco, pelo céu límpido... quer dizer, por um metabolismo acentuado, pela possibilidade de ajuntar sempre de novo quantidades grandes, e até mesmo monstruosas, de força. Tenho um caso em mente, no qual um espírito importante e motivado à liberdade, só por causa da falta instintiva de fineza na escolha do clima, se tornou estreito e recolhido, um tipo azedo, um mero especialista. Eu mesmo poderia ter acabado vítima do mesmo destino, se a enfermidade não me tivesse obrigado à razão, a refletir sobre a razão na realidade. Agora que aprendi a conhecer os efeitos de ordem climática e meteorológica depois de uma longa experiência comigo mesmo, e sou capaz de lê-los num instrumento bastante preciso e confiável, que me faz sentir fisiologicamente a mudança nos graus de umidade numa simples viagem de Turim a Milão, penso com horror no fato **sinistro** de que passei a minha vida inteira, excetuados os últimos dez anos – os anos mais perigosos –, sempre em lugares errados, francamente **proibidos** à minha situação pessoal. Naumburg, Schulpforta, e a Turíngia inteira, Leipzig, Basileia – todos eles são lugares pouco felizes para a minha constituição fisiológica. Se não tenho a menor lembrança bem-vinda de minha infância e de minha juventude inteira, seria tolice querer creditá-lo aos assim chamados motivos "morais"... por exemplo à falta indiscutível de companhias **adequadas**: pois essa falta existiu sempre, como ainda hoje existe, sem que me causasse o menor prejuízo no fato de ser alegre e bravoso. A verdadeira fatalidade na minha vida é a ignorância *in physiologicis*, o maldito "idealismo" e tudo que ele tem de supérfluo, de estúpido, algo do qual não pode nascer nada de bom, para o qual não existe compensação nem contracálculo. Das consequências desse "idealismo" eu entendo todas as minhas tentativas erradas, todas as gigantescas aberrações nos instintos e "modéstias" à parte da **tarefa** da minha vida, como por exemplo o fato de ter me tornado filólogo... Por que, pelo menos, não me tornei médico ou alguma outra coisa capaz de abrir os olhos? Nos meus tempos em Basileia toda a minha dieta espiritual, incluída a divisão do dia, era um abuso completo e sem sentido de forças extraordinárias, sem o menor abastecimento de forças que compensasse o consumo, e inclusive sem a menor reflexão a respeito do consumo e da reposição. Não existia um fumo sequer de egoísmo, de **amparo** vindo de um instinto de comando; era tudo um se-tornar-igual a qualquer um, uma "ausência-de-si", um esquecer-se de suas próprias distâncias – algo que eu jamais me perdoarei. Quando eu estava quase chegando ao fim, **porque** estava quase no fim, eu passei a refletir sobre essa irracionalidade fundamental de minha vida – o "idealismo". Só a **enfermidade** me trouxe à razão...

3.

A escolha da alimentação; a escolha do clima e do lugar... A terceira coisa na qual a gente não pode errar – a nenhum preço – é na escolha do **seu tipo**

de recreação. Também aqui, conforme o grau em que um espírito é *sui generis,* os limites daquilo que lhe é permitido, quer dizer, daquilo que lhe é **útil**, são estreitos, bem estreitos. No meu caso, faz parte da minha recreação **ler** tudo: consequentemente, ler aquilo que me livra de mim mesmo, que me deixa passear em ciências e almas desconhecidas – aquilo que eu não levo mais a sério. Ler me relaxa de **minha** própria seriedade. Em tempos de trabalho profundo não se vê livro algum em volta de mim: eu me guardo de deixar alguém discursar ou até mesmo pensar perto de mim. Pois isso significaria ler... Por acaso já foi observado que naquela tensão profunda, à qual a gravidez condena o espírito e inclusive o organismo inteiro, o acaso e todo o tipo de estímulo externo atua de modo demasiado veemente, "penetra" demasiado profundo? A gente tem de sair do caminho do acaso, do estímulo externo tão rápido quanto for possível; uma espécie de construir-um-muro-em-volta-de-si-mesmo faz parte das primeiras sagacidades instintivas da gravidez espiritual. Haverei de permitir que um pensamento **estranho** escale em segredo o muro?... Isso significaria ler... Ao tempo do trabalho e da frutificação segue o tempo do recreio: vinde, pois, vós, os livros agradáveis, espirituosos e argutos! – Haverão de ser livros alemães?... Tenho de voltar meio ano no tempo para me surpreender com um livro na mão. E qual era?... Um excelente estudo de Victor Brochard, *Les Sceptiques Grecs*, no qual também as minhas Laertianas[9] foram muito bem utilizadas. Os céticos, o único tipo **respeitável**[10] entre essa gente cheia de duplicidade, até de quintuplicidade, formada pela massa dos filósofos!... No mais eu costumo fugir quase sempre para os mesmos livros, no fundo um número bastante reduzido deles, livros já **provados** justamente para mim. Talvez não faça parte do meu feitio ler muito e muitas coisas: um quarto de leitura me deixa doente. Também não faz parte do meu feitio amar muito e muitas coisas. Cuidado, é provável que até mesmo a hostilidade contra livros novos faça parte dos meus instintos mais do que a "tolerância", *"largeur du coeur"* e outros tipos de "amor ao próximo"... No fundo, é um pequeno número de franceses mais velhos aos quais eu sempre retorno: eu acredito apenas na formação francesa e considero todo o resto que se faz na Europa em termos de "formação"

---

9. Referência a seus próprios estudos filológicos sobre as fontes de Diógenes Laércio (séc. III), escritor grego, autor de uma recompilação de dados biográficos de filósofos e da maioria das doutrinas filosóficas gregas desde o século VI a.C. (N.T.)
10. A mudança elíptica do plural para o singular também acontece. De modo que a elipse é uma das características mais importantes – tanto estrutural quanto linguisticamente – do *Ecce homo* de Nietzsche. (N.T.)

um equívoco – sem falar da formação alemã... Os poucos casos de alta formação que encontrei na Alemanha tinham, todos eles, origem francesa; sobretudo a senhora Cosima Wagner, de longe a maior autoridade no que diz respeito às questões do gosto que eu conheci em minha vida inteira... O fato de eu não ler Pascal, mas sim **amar** Pascal, na condição de vítima mais significativa do cristianismo, que o foi matando pouco a pouco, primeiro física, depois psicologicamente, com toda a lógica dessa forma pavorosíssima da crueldade humana; o fato de eu ter algo da petulância de Montaigne no espírito e, quem sabe?, talvez também no corpo; o fato de meu gosto de artista defender os nomes de Molière, Corneille e Racine, não sem sentir raiva, contra um gênio caótico como Shakespeare; tudo isso não me impede de ver, ao fim, até mesmo no último dos franceses, uma companhia charmosa. Eu não sou capaz de ver em que século da história podem ser pescados aos montes tantos psicólogos da alma humana, tão curiosos e ao mesmo tempo tão delicados, quanto os que existem na Paris atual: só para exemplar – pois seu número não é nem um pouco desprezível – eu cito os senhores Paul Bourget, Pierre Loti, Gyp, Meilhac, Anatole France, Jules Lemaître, ou, para destacar um da raça dos fortes, um latino dos mais genuínos, ao qual sou afeiçoado de modo especial – Guy de Maupassant. Dito entre nós, eu até prefiro **essa** geração a de seus grandes mestres, que estavam – todos eles – deteriorados pela filosofia alemã: o senhor Taine, por exemplo, estava deteriorado por Hegel, a quem ele deve o fato de ter compreendido mal grandes pessoas e grandes tempos. Até onde a Alemanha alcança, ela **deteriora** a cultura. Foi apenas a guerra que "libertou" o espírito na França... Stendhal, um dos acasos mais belos da minha vida – pois tudo o que fez época nele foi levado até mim pelo acaso e não por uma recomendação de qualquer ordem –, é totalmente impagável com seus olhos antecipadores de psicólogo, com seu domínio dos fatos, que chega a lembrar o maior dos fatos (*ex ungue Napoleonem*),[11] enfim, e não menos por causa disso, um ateísta **honesto**, espécie bastante rara e quase impossível de ser encontrada na França – com toda a deferência que Prosper Mérimée merece... Talvez eu sinta inveja de Stendhal ao fim das contas? Ele me arrancou a melhor piada de ateísta, que justamente eu seria a pessoa mais indicada a fazer: "A única desculpa de Deus é o fato de não existir"... Eu mesmo disse em

---

11. Em latim no original. "Pela unha (se reconhece) Napoleão". Variação da célebre frase de Plutarco *ex ungue leonem pingere,* quer dizer, "a partir da unha pintar o leão". (N.T.)

algum lugar: qual foi a maior objeção à existência feita até hoje? **Deus**...

4.

O mais alto conceito de poeta lírico quem me deu foi **Heinrich Heine**. Em vão eu procuro em todos os reinos e pelos séculos dos séculos uma música tão apaixonada e doce quanto a dele. Ele possuía aquela maldade divina sem a qual eu não me julgo capaz de imaginar a perfeição... Eu calculo o valor das pessoas, das raças, segundo sua capacidade de entender quão pouco Deus está distante de um sátiro...[12] E como ele maneja e domina o alemão! Um dia haverão de dizer que Heine e eu fomos,

---

12. No final de suas *Confissões* Heine chama a Deus de sátiro, por tê-lo abandonado à "cova dos colchões", vítima da paralisia geral, durante os últimos oito anos de sua vida. Já que a beleza é muita – e tendo em vista a importância de Heine na obra de Nietzsche –, mando a citação heineana inteira. "Ah! o escárnio de Deus pesa como chumbo sobre mim. O grande autor do universo, o Aristófanes dos céus, quis mostrar direitinho e de modo bastante evidente ao pequeno e terreno Aristófanes alemão – pois é assim que me chamam – como os sarcasmos espirituosos do mesmo foram apenas zombarias miseráveis em comparação às suas, e como estou lamentavelmente distante dele em termos de humor, em termos de gracinhas colossais. Sim, a barrela do escárnio que o mestre despejou sobre mim é terrível, e horrorosamente cruel é seu gracejo. Reconheço, humilde, a sua superioridade e me curvo sobre o pó à frente dele."

de longe, os maiores artistas da língua alemã... e que o que fizemos com ela está a uma distância incalculável daquilo que meros alemães[13] fizeram com ela... Com o Manfredo de **Byron** eu devo ter um parentesco muito próximo: eu encontrei todos seus abismos dentro de mim – com treze anos eu estava maduro para essa obra. Eu não tenho sequer uma palavra, mas apenas um olhar, para aqueles que ousam proferir a palavra Fausto na presença de Manfredo. Os alemães são **incapazes** de alcançar o conceito grandeza: prova-o Schumann. No passado, de tanto ódio a esse saxão adocicado, eu compus uma contra-abertura ao Manfredo, da qual Hans von Bülow disse que jamais havia visto coisa parecida escrita em notas: que isso era uma violação a Euterpe... Quando eu procuro minha mais alta fórmula para caracterizar **Shakespeare** eu sempre acabo achando apenas essa: a de que ele concebeu o tipo César. Coisas desse tipo a gente não intui – a gente é ou não é. O grande poeta bebe **apenas** de sua própria realidade – a ponto de no fim nem suportar mais a sua obra... Depois de ter lançado um olhar a meu Zaratustra eu caminho durante meia hora pelo quarto, para lá e para cá, incapaz de dominar uma convulsão insuportável de

---

13. Meros alemães? Heine era judeu e Nietzsche fantasiava ser polonês. (N.T.)

soluços... Eu não conheço nenhuma leitura capaz de arrebentar tanto o coração quanto Shakespeare: quanto um homem deve ter sofrido para ter uma tal necessidade de ser bufão! **Entende-se** o Hamlet? Não é a dúvida, é a **certeza** que enlouquece... Mas para isso a gente tem de ser profundo, tem de ser abismo, tem de ser filósofo para sentir assim... Nós todos temos **medo** da verdade... Eu confesso: tenho a certeza instintiva e absoluta de que Lord Bacon é o criador, o autoatormentador-em-si que primeiro experimentou essa espécie de literatura sinistra até a raiz... Que **me** importa a conversa fiada, aliás digna de pena, desses paspalhos e tarroucos americanos?[14] Mas a força para a mais poderosa realidade da visão não é apenas suportável com a força mais poderosa para a ação, para a monstruosidade da ação, para o crime – **ela se pressupõe a si mesma**... Estamos longe de saber o suficiente acerca de Lord Bacon, o primeiro grande realista, em todos os sentidos nobres que essa palavra adquire, para saber **o que** ele fez, **o que** ele quis, **o que** ele experimentou no interior de si mesmo... E com os diabos, senhores meus críticos! Supondo que eu tivesse batizado o meu

---

14. Alusão à origem americana do movimento baconiano (de Francis Bacon, criador da "teoria dos ídolos") e a negação peremptória de Nietzsche de que suas próprias visões tenham alguma coisa a ver com esse movimento. (N.T.)

Zaratustra com um nome estranho, por exemplo com o nome de Richard Wagner, e a perspicácia de dois milênios não seria suficiente para adivinhar que o escritor de "Humano, demasiado humano" é o visionário do Zaratustra...

5.

Aqui, onde eu falo das recreações de minha vida, me é necessária uma palavra para expressar meu agradecimento àquilo que de longe foi o que a recreou de maneira mais profunda. E isso foi, sem a menor dúvida, o contato íntimo com Richard Wagner. Eu vendo barato todo o resto das minhas relações humanas; e não cederia, a nenhum preço, os dias de minha vida que passei em Tribschen: foram dias de confiança, de alegria, de acasos sublimes – de instantes **profundos**... Não sei o que outras pessoas vivenciaram com Wagner: sobre o nosso céu jamais pairou uma nuvem... E com isso volto a falar da França... Eu não tenho motivos, tenho apenas uma careta cheia de desprezo para dedicar aos wagnerianos *et hoc genus omne*, que acreditam honrar a Wagner pelo fato de **se** acharem semelhantes a ele... Assim como eu sou, em todos os meus instintos mais profundos, estranho a tudo aquilo que é alemão, de modo que tão só a proximidade de um alemão retarda a minha digestão, assim também o primeiro contato com Wagner foi o primeiro suspiro aliviado da minha vida: eu o sentia, eu o venerava como o **país estrangeiro**, como o antagonismo, como o protesto corpóreo contra todas as "virtudes alemãs"... Nós, que fomos crianças no ar pantanoso dos anos cinquenta, somos – necessariamente – pessimistas em relação ao conceito "alemão"; nós sequer podemos ser outra coisa que não revolucionários – nós jamais haveremos de admitir uma situação de coisas em que **o santarrão** estiver no topo. Para mim é completamente indiferente se ele hoje defende outras cores, se ele se veste de escarlate e usa uniformes de hussardo... Vá lá! Wagner foi um revolucionário – ele fugia dos alemães... Na condição de **artista** a gente não encontra pátria na Europa, a não ser Paris; a *délicatesse* em todos os cinco sentidos da arte, pressuposta pela arte de Wagner, o tato para nuances, a morbidez psicológica só podem ser encontradas em Paris. Em nenhum outro lugar do mundo se tem essa paixão no que diz respeito a questões de forma, essa seriedade no *mise en scène* – isso é a seriedade parisiense *par excellence*. Na Alemanha a gente nem tem ideia acerca da ambição monstruosa que vive na alma de um artista parisiense. O alemão é bonzinho – Wagner estava longe de ser bonzinho... Mas eu já falei mais do que o suficiente (em "Além do bem e do mal", § 256 ss.) sobre o lugar digno de Wagner, em quem ele tem seus parentes mais próximos: o romantismo francês tardio, essa espécie de artistas que voam alto e se arremessam para o alto – como Delacroix, como Berlioz –, com um fundo de enfermidade, de incurabilidade no ser, todos eles puros fanáticos da **expressão,** virtuoses de cabo a rabo... Qual foi, aliás, o primeiro partidário **inteligente** de Wagner? Charles Baudelaire, o mesmo que foi o primeiro a entender Delacroix, aquele típico *décadent*, no qual toda uma estirpe de artistas se reconheceu – e talvez ele tenha sido também o último... O que eu jamais perdoei a Wagner? O fato de ter **condescendido** com os alemães... o fato de ter descido à condição de alemão imperial... Até onde a Alemanha alcança, ela **deteriora** a cultura...

6.

Balançando as coisas, eu não teria suportado minha juventude sem a música de Wagner. Pois eu estava **condenado** a alemães. Quando a gente quer se livrar de uma pressão insuportável o haxixe é necessário. Vá lá, Wagner foi necessário para mim. Wagner é o contraveneno para tudo aquilo que é alemão *par excellence* – veneno, eu não o contesto... A partir do instante em que existiu um fragmento pianístico do Tristão – meus cumprimentos, senhor von Bülow! – eu era um wagneriano. As obras mais antigas de Wagner eu as via abaixo de mim – elas ainda eram demasiado simples, demasiado "alemãs"... Mas ainda hoje procuro por uma obra que tenha a mesma fascinação perigosa, a mesma infinitude doce e terrível do Tristão – e procuro entre todas as artes em vão. Todas as extravagâncias de Leonardo da Vinci se desencantam ante o primeiro acorde do Tristão. Essa obra é, sem dúvida, o *non plus ultra* de Wagner; ele se recreou do trabalho nela compondo os Mestres Cantores e o Anel dos Nibelungos. Tornar-se saudável – isso é um **retrocesso** em uma natureza como a de Wagner... Eu tomo como sendo uma felicidade do mais alto nível o fato de ter vivido no tempo certo e justamente entre alemães, para poder ser **maduro** o suficiente para essa obra: tão longe vai em mim a curiosidade do psicólogo. O mundo é pobre para aquele que jamais foi doente o bastante para essa "volúpia do inferno": é permitido, é quase imperioso aplicar aqui uma fórmula mística... Eu penso conhecer, mais do que qualquer outra pessoa, a mostruosidade da qual Wagner foi capaz, os cinquenta mundos de encantos estranhos para os quais ninguém, a não ser ele, teve asas; e assim como eu sou, forte o bastante para transformar também aquilo que é mais duvidoso e mais perigoso em meu favor tornando-me ainda mais forte, eu declaro Wagner o maior benfeitor da minha vida. Aquilo – no que aliás somos aparentados – que nós sofremos profundamente, também um por causa do outro, aquilo que fomos capazes de aguentar na condição de pessoas desse século, haverá de voltar a juntar nossos nomes de maneira eterna; e tão certo quanto o fato de Wagner ser apenas um mal--entendido entre os alemães, tão certo também eu o sou e sempre haverei de ser um mal-entendido... Dois séculos de disciplina psicológica e artística **primeiro,** meus senhores germanos!... Mas isso ninguém consegue recuperar...

7.

– Eu direi ainda uma palavrinha para os ouvidos mais selecionados: o que **eu** quero da música, na realidade. Que ela seja alegre, serena e profunda como uma tarde de outubro.[15] Que ela seja peculiar, animada, suave, uma mulher pequena e doce,

---

15. Outubro é a época da escritura do *Ecce homo,* quer dizer, no princípio do outono europeu. Logo após – em novembro – tudo fica cinzento e melancólico... (N.T.)

de humildade e graça... Jamais haverei de admitir que um alemão **possa** saber o que é música. O que a gente chama de músicos alemães, os maiores entre eles, são **estrangeiros**, eslavos, croatas, italianos, holandeses – ou judeus; e, nos outros casos, alemães da raça forte, alemães **extintos** como Heinrich Schütz, Bach e Händel. Eu mesmo sempre fui polonês o suficiente para trocar, por Chopin, todo o resto da música universal: por três razões eu excetuo também o Idílio de Siegfried, de Wagner, e talvez também Liszt, que supera todos os outros músicos com seus acentos orquestrais nobres, e finalmente tudo que cresceu além dos alpes – **desse lado**... Eu não saberia como haver-me sem Rossini, e menos ainda sem o **meu** Sul na música, a música de meu maestro veneziano Pietro Gasti.[16] E quando eu digo além dos Alpes, quero dizer apenas Veneza, na verdade. Quando eu procuro uma outra palavra para a palavra música, eu sempre acabo encontrando apenas a palavra Veneza. Eu não sei fazer diferença entre lágrimas e música – eu conheço a ventura de ser incapaz de pensar o **Sul** sem o arrepio do temor.

---

16. Peter Gast (1854-1918). Pseudônimo de Heinrich Köselitz, compositor, amigo e discípulo de Nietzsche.. (N.T.)

Sobre a ponte eu estava,
Há dias, na noite cinzenta.
Ao longe ouvi uma canção:
Ela pingava gotas de ouro
Pela superfície trêmula.
Gôndolas, luzes, música –
Ébria, ela nadou para a escuridão...

Minha alma, um alaúde,
cantou a si, invisível e ferida,
uma canção veneziana, e segredou,
trêmula de ventura colorida.
– Será que alguém a escutou?...

8.

Em tudo isso – na escolha da alimentação, do lugar e do clima, da recreação – quem comanda é um instinto de autopreservação, que se manifesta de maneira menos ambígua na condição de instinto de **autodefesa**. Não ver, não ouvir, não deixar muita coisa se aproximar – primeira mostra de inteligência, primeira prova do fato de que a gente não é um acaso, mas sim uma necessidade. A palavra usual para esse instinto de autodefesa é a palavra **gosto**. Seu imperativo não apenas ordena a dizer não, onde o sim seria uma "atitude desinteressada", mas também a dizer **não o menos possível**... Separar-se, amputar-se daquilo em que o não sempre voltaria a ser necessário. A racionalidade nisso é o fato de que as despesas defensivas, por mais pequenas que sejam, quando levadas à categoria de regra, de hábito, acabam condicionando um empobrecimento extraordinário e completamente desnecessário. Nossas **grandes** despesas são o grande número de despesas pequenas. O ato de defender, de não deixar-se-aproximar é uma despesa – ninguém se iluda a respeito disso –, uma força **esbanjada** para objetivos negativos. A gente pode, apenas na necessidade constante da defesa, ficar tão fraco a ponto de não conseguir se defender mais... Supondo que, pondo meus pés fora de casa, eu encontrasse, em vez da calma e aristocrática Turim, uma cidadezinha provinciana alemã: meu instinto teria de se trancar, para evitar a entrada de tudo aquilo que costuma vir desse mundinho chão e covarde e nos perseguir. Ou supondo que eu encontrasse a metrópole alemã, esse vício construído, onde nada cresce, onde qualquer coisa que seja, boa ou má, se acoitou. Não teria eu de me transformar em um **ouriço** por causa dela?... Porém ter espinhos é um desperdício, um luxo duplo, inclusive, quando se é livre para não ter espinhos, mas sim mãos **abertas**...

Uma outra mostra de inteligência e autodefesa consiste em **reagir tão raramente quanto possível** e em evitar lugares e condições nas quais se estaria condenado a suspender de imediato sua "liberdade", sua iniciativa, para se tornar um simples reagente. Eu tomo a relação com os livros como parâmetro comparativo. O erudito, que no fundo apenas se limita a "moer" livros – o filólogo de atividade mediana, cerca de duzentos por dia –, ao fim das contas acaba perdendo por completo a capacidade de pensar por si mesmo. Quando ele não mói, ele não é capaz de pensar. Ele **responde** a um estímulo (um pensamento lido) quando ele pensa... ao fim e ao cabo ele apenas reage. O erudito gasta toda sua força em dizer sim e não, na crítica do já pensado – ele mesmo não pensa mais... O instinto da autodefesa tornou-se frouxo nele; pois se assim não fosse ele iria se precaver contra os livros. O erudito – um *décadent*... Isso eu vi com meus próprios olhos: naturezas talentosas, de tendência livre e fértil, "lidas à ruína" já aos trinta anos, simples palitos de fósforo, que têm de ser friccionados para soltar faíscas – soltar "pensamentos"... Ler um **livro** de manhã bem cedo, ao nascer do dia, em todo o frescor, na aurora de suas forças – isso eu chamo de vicioso!...

9.

Nesse ponto já não é mais possível se desviar da verdadeira resposta para a pergunta **como a gente se torna o que a gente é**... E com isso eu toco a obra-prima na arte da autopreservação – do **egocentrismo**... Assumindo, pois, que a tarefa, a determinação, o **destino** da tarefa está bem acima de uma medida regular, nenhum perigo seria maior do que ver a si mesmo, cara a cara, **através** dessa tarefa. Que a gente se torne o que a gente é pressupõe que a gente não saiba, nem de longe, **o que** a gente é. A partir desse ponto de vista, até mesmo as **decisões erradas** da vida – os desvios e descaminhos, os atrasos, as "modéstias", a seriedade esbanjada em tarefas que não fazem parte **da** tarefa – têm seu valor e seu sentido peculiar... Nisso pode chegar a se expressar uma grande sabedoria, até mesmo a maior das sabedorias: onde o *nosce te ipsum* seria a receita para o naufrágio, se-esquecer, não **se-compreender**, se-apequenar, se-estreitar, se-medianizar acabam se transformando na razão em si. Expressado moralmente: amor ao próximo, viver para os outros e outras coisas **pode** ser a medida de defesa para a manutenção do mais duro dos egocentrismos. Mas essa é a exceção na qual eu, contra as minhas regras e convicções, tomo o partido dos impulsos "desinteressados": aqui eles trabalham a serviço do **egocentrismo**, da **egocultivação**... A gente tem de manter toda a superfície da consciência – a consciência **é** uma superfície – limpa de qualquer um dos grandes imperativos. Precaução até mesmo ante toda e qualquer palavra grandiosa, qualquer atitude grandiosa! São, todas elas, perigos de o instinto "se entender" demasiado cedo... Nesse meio tempo a "ideia" organizadora, a "ideia" chamada ao poder cresce e cresce nas profundezas – ela começa a dar ordens, aos poucos ela vai evitando desvios e descaminhos, trazendo **de volta**, ela prepara qualidades e capacidades **individuais**, que um dia haverão de se mostrar indispensáveis como meios para alcançar o todo – ela treina, um por um, todos os recursos **ancilares**, antes de dar qualquer notícia a respeito da tarefa principal, do "objetivo", da "finalidade", do "sentido"... Considerada por esse lado, minha vida é simplesmente maravilhosa. Para realizar a tarefa de uma **transvaloração dos valores** talvez fossem necessários mais recursos do que jamais existiram juntos em qualquer outra pessoa, e sobretudo também recursos antitéticos, sem que eles se obstruíssem, se destruíssem uns aos outros. Ordem hierárquica dos recursos: distância; a arte de separar sem tornar inimigo;

não misturar nada, não "reconciliar" nada; uma multiplicidade monstruosa, que mesmo assim é o contrário do caos – essa foi a condição prévia, o trabalho longo e secreto e o caráter artístico do meu instinto. Seu **amparo imenso** se mostrou tão forte que eu, por nenhum momento, sequer pressenti o que crescia em mim – que todas as minhas aptidões repentinas, maduras, **brotaram** certo dia em toda sua completude final. Não me ocorre à lembrança o fato de eu, quando quer que fosse, ter me esforçado para isso... não se pode comprovar sequer um traço de **luta** em minha vida inteira – eu sou a antítese de uma natureza heroica. "Querer" algo, "aspirar" a algo, ter em vista um "objetivo", um "desejo" – eu não conheço nada disso por experiência. Mesmo neste instante eu olho para o meu futuro – um futuro **distante!** – como para um mar plácido: nenhuma nostalgia se levanta sobre ele. Eu não quero que nada, nem em seu mais ínfimo aspecto, se torne diferente do que é; eu mesmo não quero ser nada diferente. Mas foi assim que eu sempre vivi. Não tive nenhum desejo. Alguém que, depois de seu quadragésimo quarto aniversário, ainda pode dizer que jamais se esforçou para alcançar **honras, mulheres, dinheiro!**... Não que eles tenham me faltado... Foi assim que, por exemplo, me tornei professor universitário um dia... Eu jamais havia pensado – por mais vagamente que fosse – em coisa desse tipo, pois eu recém havia chegado aos 24 anos. Foi assim que, dois anos antes, eu era filólogo: no sentido de que meu **primeiro** trabalho filológico, meu princípio em todos os sentidos, foi exigido pelo meu professor Ritschl para ser impresso em seu "Museu Renano" (**Ritschl** – eu o digo com veneração –, o único erudito genial que eu vim a conhecer até o dia de hoje. Ele possuía aquela deterioração agradável que caracteriza a nós, os turíngios, e com a qual até mesmo um alemão se torna simpático – nós, para chegar à verdade, ainda preferimos andar por caminhos tortos. Com essas palavras, eu não quero, nem de longe aliás, subestimar meu compatriota mais próximo, o **inteligente** Leopold von Ranke...)

10.

– Haverão de me perguntar por que foi que contei todas essas pequenas coisas, que segundo o juízo convencional inclusive não guardam o menor interesse; eu prejudico a mim mesmo com isso, tanto mais pelo fato de eu estar destinado a representar tarefas grandiosas. Resposta: essas pequenas coisas – alimentação, lugar, clima, recreação e toda a casuística do egocentrismo – são mais importantes – quaisquer que sejam os conceitos – do que tudo aquilo que foi tido como importante até o momento. É justo aqui que se tem de começar a **reaprender**. Aquilo que a humanidade ponderou seriamente até o presente momento nem sequer são realidades, são puras ilusões, ou, para dizê-lo de um modo mais duro, **mentiras** advindas dos instintos ruins de naturezas enfermas, prejudiciais no mais profundo dos sentidos – toda essa série de noções: "Deus", "alma", "virtude", "pecado", "além", "verdade", "vida eterna"... Mas nelas se procurou a grandeza da natureza humana, seu "caráter divino" – todas as questões relativas à política, à ordem social, à educação são, por isso, falsificadas até a raiz, de modo que foram tomados por grandes os homens mais perniciosos... De modo que se ensinou a desprezar as "pequenas" coisas, quero dizer, as questões fundamentais da vida... Nossa cultura atual é ambígua no mais alto grau... O imperador alemão pactua com o papa como se o papa não fosse o representante dos inimigos mortais da vida!... Isso que hoje está sendo construído em três anos já não existirá mais... Se eu quiser medir-me por aquilo que eu **posso** – e nem estou falando daquilo que virá depois de mim, uma revolução, e uma reconstrução sem igual –, então por certo tenho, mais do que qualquer um dentre os mortais, o direito de reivindicar para mim a palavra grandeza. Se eu me comparo com os homens que até hoje foram louvados como homens **de primeira,** a diferença é palpável. Os assim chamados "primeiros", eu sequer os conto entre os homens – eles são, para mim, refugos da humanidade, frutos de enfermidades e instintos vingativos: eles são apenas monstros nefastos e, no fundo, infaustos, que estão na vida para se vingar dela... Eu quero ser o antípoda de tudo isso: meu privilégio é ter a maior das finuras para todos os sinais que têm a ver com instintos sadios. Em mim falta qualquer indício doentio; mesmo em tempos de doenças graves eu jamais me tornei enfermo; embalde haverão de procurar em mim um traço de fanatismo. Jamais poderão provar em mim, em qualquer momento de minha vida, qualquer postura arrogante ou patética. O *páthos* da atitude **não** pertence à grandeza; aliás, quem tem necessidade de atitudes é **falso**... Cuidado ante os homens pitorescos!... A vida ficou fácil para mim, e tanto mais fácil por exigir de mim o mais difícil. Quem me viu durante os setenta dias deste outono, em que, sem interrupções, eu produzi apenas coisas de primeira categoria – coisas que nenhum ser humano é capaz de fazer depois de mim, imitando... ou de fazer antes de mim, fingindo

–, com uma responsabilidade tal em relação aos milênios que se seguirão a mim, não haverá de ter percebido sequer um traço de tensão em mim, mas apenas – e tanto mais – um frescor transbordante, uma serenidade sem fim. Jamais comi com sensações tão agradáveis, jamais dormi tão bem... Não conheço nenhuma outra maneira de se relacionar com grandes tarefas a não ser o **jogo**: ele é, como indício de grandeza, um pressuposto fundamental. A coação mais ínfima, o semblante sombrio, qualquer acorde mais duro na garganta são, todos eles, objeções contra um homem, quanto mais contra sua obra!... Não se pode ter nervos... **Sofrer** por causa da solidão também é uma objeção – eu sempre sofri tão só por causa da "multidão"... Em um tempo absurdamente remoto, quando eu tinha apenas sete anos, eu já sabia que uma palavra humana jamais seria capaz de me alcançar: e será que alguém me viu consternado algum dia por causa disso?... Ainda hoje guardo a mesma comunicatividade em relação a todo mundo, e inclusive com os mais baixos me mostro cheio de distinção: e em tudo isso não há sequer um grão de soberba, de desprezo secreto. Aquele que eu desprezo **adivinha** que é desprezado por mim: tão só através da minha existência eu deixo indignado tudo aquilo que tem sangue ruim no corpo... Minha fórmula para a grandeza no homem é ***amor fati***:[17] não querer ter nada de diferente, nem para a frente, nem para trás, por toda a eternidade... Não apenas suportar aquilo que é necessário, muito menos dissimulá-lo – todo o idealismo é falsidade diante daquilo que é necessário –, mas sim **amá-lo**...

---

17. Conceito central do *Ecce homo*. É o dizer-sim dionisíaco em antítese à constante negação promovida pelo cristianismo. (N.T.)

POR QUE EU ESCREVO LIVROS TÃO BONS

1.

Uma coisa sou eu, outra são meus escritos... Aqui, antes de chegar a falar deles mesmos, quero tocar a questão da compreensão ou da não compreensão desses escritos. Eu o faço de maneira tão relaxada quanto me parece ser conveniente: pois o tempo para essa questão por certo ainda não chegou. O tempo não chegou nem mesmo para mim; alguns apenas nascem postumamente... Um dia serão necessárias instituições, nas quais será ensinado e vivido como eu compreendo o ensino e a vida; quem sabe não serão instituídas, também, algumas disciplinas para a interpretação do Zaratustra. Mas seria uma contradição total a mim mesmo esperar ouvidos **e mãos** para as **minhas** verdades já hoje em dia: o fato de hoje não me ouvirem, o fato de não saberem o que fazer de mim não é apenas compreensível, ele inclusive me parece ser a coisa mais correta. Eu não quero ser confundido – e disso faz parte o fato de eu não confundir a mim mesmo... Para dizê-lo de novo, são mínimas as provas de "má-vontade" em minha vida; também de "má-vontade" literária eu mal poderia contar um caso sequer. Mas, ao contrário, há muito a respeito de **pura tolice**... Me parece ser uma das distinções mais raras que alguém pode provar a si mesmo, o ato de tomar em suas mãos um livro meu – eu suponho, inclusive, que ele tire as sandálias para fazê-lo;[1] de botas não quero nem falar... Quando, certa vez, o doutor Heinrich von Stein se queixou honestamente por não ter entendido uma palavra sequer do meu Zaratustra, eu lhe disse que isso estava em ordem: ter entendido seis frases desse livro – isso quer dizer **vivenciá-las** – já elevaria a um nível mais alto da escala mortal, mais alto do que homens "modernos" jamais poderiam alcançar. Como é que eu **poderia** – com **esse** sentimento de distância – tão só desejar ser lido pelos "modernos" que eu conheço!... Meu triunfo é justamente o contrário daquele que foi alcançado por Schopenhauer – eu digo: *"**Non** legor, **non** legar"*... Não que eu queira menosprezar a satisfação que a **inocência** me proporcionou por tantas vezes ao dizer não aos meus escritos. Ainda no verão passado, em um tempo em que pretendi arrancar do equilíbrio todo o resto da literatura universal

---

1. Referência ao Livro do Êxodo, na Bíblia, Cap. 3, Vers. 5. (N.T.)

com minha literatura pesada, demasiado pesada, um professor da Universidade de Berlim me deu a entender, benevolente, que eu deveria tentar fazer uso de uma outra forma para dizer aquilo que digo: coisas dessas ninguém lê... Por fim, não foi a Alemanha, mas sim a Suíça que providenciou os dois casos mais extremos nesse sentido. Um ensaio do Dr. V. Widmann sobre "Além do bem e do mal", publicado no "Bund" sob o título "O livro perigoso de Nietzsche", e uma notícia geral a respeito dos meus livros encaminhada pelo senhor Karl Spitteler, também no "Bund", alcançaram um ponto máximo em minha vida – eu me guardo de dizer em que sentido... O último, por exemplo, dizia que o meu Zaratustra era um "exercício estilístico altaneiro", manifestando o desejo de que, nas obras que ainda viriam, eu me preocupasse também com o conteúdo; Dr. Widmann me expressou sua atenção pela coragem com que eu me empenhava em acabar com todos os sentimentos decentes... Por uma pequena maldade do destino cada uma das sentenças do doutor era – com uma lógica que eu cheguei a admirar – uma verdade de ponta-cabeça: no fundo a gente não teria nada a fazer a não ser "transvalorar todos os valores", a fim de, num golpe aliás notável, acertar a cabeça do prego em cheio naquilo que diz respeito a mim – em vez de acertar minha cabeça com um prego... Tanto mais eu me empenho em buscar uma explicação para tudo isso... No fim das contas ninguém pode captar nas coisas, incluídos os livros, mais do que ele mesmo já sabe. Para aquilo que a gente não alcança através da vivência, a gente também não tem ouvidos. Tomemos, pois, um caso extremo: um livro que só fala de vivências que se encontram além das possibilidades de uma experiência frequente, ou até mesmo rara – que seja a **primeira** língua para uma série de novas experiências. Nesse caso simplesmente não se escuta nada, com a ilusão acústica de que onde não se escuta nada **também não existe nada**... Esta é, ao fim e ao cabo, minha experiência média e, caso quiserem, a **originalidade** da minha experiência. Quem acreditou ter entendido alguma coisa de mim, tomou posse de algo que veio de mim, segundo a sua imagem – e não raro isso aconteceu com alguém que é antagônico a mim, por exemplo com um "idealista". Quem não entendeu nada de mim, negou inclusive o fato de considerar minha importância... A palavra **"super-homem"**[2] para

---

2. "Se opto por "super-homem" para traduzir *Übermensch*, sei que a opção é discutível, conforme já ensinou o mestre Antonio Candido. E o conceito gerou discussões e mal--entendidos não apenas em sua versão portuguesa, mas também no original alemão, conforme Nietzsche deixa claro no presente trecho. Ademais, sabe-se que o "super" latino assim como o *über* de *Übermensch*, significa, também, (cont.)

caracterizar um tipo do mais alto feitio, em oposição aos homens "modernos", aos homens "bons", aos cristãos e outros niilistas – uma palavra que na boca de um Zaratustra, o **aniquilador** da moral, se torna uma palavra assaz reflexiva, quase em todos os lugares foi entendida, com uma inocência completa, no sentido daqueles valores cuja antítese foi trazida à luz na figura de Zaratustra, quero dizer, como tipo "idealista" de uma espécie mais elevada de homem, meio "santo", meio "gênio"... Outros bovinos eruditos me puseram sob a suspeita de darwinismo por causa do conceito; até mesmo o "culto ao herói", que eu rejeitei com tanta maldade e veemência, daquele grande falsário inconsciente e involuntário – Carlyle –, foi reconhecido nele. Aquele ao qual sussurrei ao ouvido ser preferível tentar encontrar um Cesare Borgia a um Parsifal, não confiou em seus ouvidos...[3] Que eu não tenha

---

(continua) "além de", o que dispensa uma opção poeticamente complicada como "além-do-homem", talvez mais precisa em termos nietzscheanos, mas nem de longe tão multifacetada quanto o original alemão no que diz respeito à etimologia. E, além do mais, "super-homem" é expressão tão consagrada, que já foi dicionarizada por Houaiss. Está lá: "Super-homem: 2. Rubrica: filosofia. No nietzschianismo, cada um dos indivíduos que um dia será capaz de desenvolver plenamente a condição humana, criando novos valores e sentidos para a realidade, e afirmando intensamente a vida, a despeito do inevitável sofrimento que a cerca." (N.T.)

3. Melhor a maldade soberana de um Cesare Bórgia, portanto, do que a ingenuidade fraca de um pobre Parsifal. (N.T.)

a menor curiosidade em relação a discussões acerca de meus livros, sobretudo aquelas que são publicadas em jornais, ter-se-á de me perdoar. Meus amigos, meus editores sabem disso e não me falam nada sobre coisas do tipo. Em um caso especial fiquei cara a cara com tudo aquilo que foi cometido contra um único livro meu: era "Além do bem e do mal"... Eu teria um relatório bastante detalhado a fazer a respeito. Poder-se-ia acreditar que o Nationalzeitung – um jornal prussiano, conforme tenho de dizer a meus leitores estrangeiros; eu mesmo leio apenas, com licença, o Journal des Débats –, com toda a seriedade do mundo, soube compreender o livro como um "sinal dos tempos", como a **filosofia** genuína e direitista **dos aristocratas rurais,** para a qual o Kreuzzeitung apenas se mostrava covarde demais?[4]

---

4. Para o momento, basta dizer que o Kreuzzeitung (Jornal da Cruz) talvez tenha sido o jornal mais reacionário que o mundo jamais conheceu. Nietzsche quer dizer que o Nationalzeitung (Jornal Nacional) interpretou o que ele disse em *Além do bem e do mal* como sendo tão conservador, a ponto de considerar que Nietzsche apenas dizia aquilo que o Kreuzzeitung – conservador ao extremo – não tinha coragem de dizer. (N.T.)

2.

Isso foi dito para os alemães: pois em todos os outros lugares eu tenho leitores – nada além de inteligências **selecionadas**, caracteres conservados, educados em posições e obrigações elevadas; eu tenho até mesmo gênios de verdade entre os meus leitores. Em Viena, em São Petersburgo, em Estocolmo, em Copenhague, em Paris e Nova York – fui descoberto em todos os lugares da terra: **não** fui descoberto na terra rasa da Europa, na terra dos alemães... E, tenho de confessá-lo, me alegro ainda mais com meus não leitores, aqueles que nunca ouviram nem o meu nome, nem a palavra filosofia; mas onde eu chego, aqui em Turim por exemplo, cada rosto se anima e se torna bondoso ao me ver. O que até hoje mais me lisonjeou, dentre todas as coisas que já me aconteceram, é que as velhas mulheres do mercado não ficam em paz antes de terem juntado para mim as mais doces dentre as suas uvas. Para chegar **tão longe** a gente tem de ser filósofo... Não é por acaso que os poloneses são considerados os franceses entre os eslavos. Uma russa charmosa não se enganaria por um instante sequer a respeito do meu verdadeiro lugar. Não tenho êxito nas tentativas de ser festivo, no máximo alcanço o embaraço... Pensar em alemão, sentir em alemão – eu posso tudo, mas **isso** está acima das minhas forças... Meu velho professor Ritschl chegou a afirmar que eu concebo até mesmo meus ensaios filológicos como um romancista parisiense – absurdamente empolgantes. Em Paris ficam surpreendidos a respeito de *"toutes mes audaces et finesses"* – a expressão é de Monsieur Taine –; eu temo que até mesmo nas altíssimas formas de meus ditirambos pode ser encontrado um pouco daquele sal, que jamais será bobão – "alemão" –, o *esprit*... Eu não sei fazer diferente. Deus me ajude! Amém...[5] Todos nós sabemos, alguns inclusive pela experiência, o que é um orelhudo. Pois bem, eu ouso dizer que eu possuo as menores orelhas do mundo. E isso está longe de ter pouco interesse para as mulherinhas – me parece que elas se sentem melhor compreendidas por mim?... Eu sou o **antiasno** *par excellence* e por isso um monstro histórico-universal – eu sou, em grego, e não apenas em grego, o **Anticristo**...

3.

Eu conheço mais ou menos os meus privilégios como escritor; em casos específicos chegaram a testemunhar para mim o quanto a adaptação aos

---

5. *Ich kann nicht anders. Gott helfe mir! Amen.* Célebres palavras de Lutero. (N.T.)

meus escritos "deteriora" o gosto. Simplesmente não se suporta mais outros livros, menos ainda os filosóficos. É uma distinção sem igual adentrar esse mundo elegante e delicado – mas para isso não se deve ser, em nenhuma hipótese, alemão; no fim das contas esta é uma distinção que tem de ser merecida. Todavia quem, pela **altura** do querer, for meu parente vive os verdadeiros êxtases do aprender nessa experiência: pois eu venho de alturas que pássaro algum jamais voou, eu conheço abismos nos quais pé algum um dia se perdeu. Me disseram que não é possível largar um livro meu quando se o tem nas mãos – que eu perturbo inclusive o descanso noturno... Entre todos os livros do mundo não existem livros tão orgulhosos e ao mesmo tempo tão refinados quanto os meus: eles alcançam, aqui e ali, o cume daquilo que pode ser alcançado na terra, o cinismo; eles têm de ser conquistados tanto com os dedos mais suaves quanto com os punhos mais bravosos. Toda a fraqueza da alma é excluída deles, de uma vez por todas, até mesmo a dispepsia: não se deve ter nervos, deve-se ter um ventre alegre. Não apenas a pobreza, o vácuo de uma alma é excluído deles, mas também e muito antes o covarde, o sujo, o secretamente-vingativo das entranhas: uma palavra minha obriga todos os instintos ruins a mostrarem a cara. Eu tenho entre meus conhecidos várias cobaias nas quais testo as mais diferentes – instrutivamente diferentes – reações aos meus escritos. Quem não quiser ter nada a ver com o conteúdo deles, os assim chamados meus amigos, por exemplo, torna-se "impessoal" no assunto: me congratula pelo fato de ter chegado "tão longe" e ainda diz que houve um progresso em direção a uma maior serenidade no tom... Os "espíritos" completamente viciosos, as "almas belas",[6] falsas até a raiz dos cabelos, simplesmente nem sabem o que fazer com esses livros – por consequência, eles veem os mesmos **abaixo** de si, abaixo da bela lógica de todas as "almas belas". Os bovinos entre os meus conhecidos, todos eles alemães, com licença, dão a entender que nem sempre é possível ter a minha opinião, mas de vez em quando sim. Por exemplo – eu cheguei a ouvir isso acerca do meu Zaratustra... Do mesmo jeito, todo o "feminismo" na pessoa humana, também no homem, é, para mim, uma porta fechada: ninguém jamais haverá de entrar nesse labirinto de conhecimentos arrojados. A gente não deve jamais poupar a si mesmo, a gente tem de ter a **dureza** entre seus hábitos a fim de poder permanecer alegre e contente em meio a tantas verdades duras. Quando eu fico a idealizar a imagem de um leitor perfeito, acaba

---

6. Expressão do *Wilhelm Meister* de Goethe. (N.T.)

surgindo sempre um monstro de coragem e curiosidade, e além disso algo flexível, cheio de manhas, precavido, um aventureiro nato, um descobridor. Por fim: eu não saberia dizer melhor a quem eu me dirijo, no fundo, do que Zaratustra o disse: **para quem,** apenas, ele quer narrar seu enigma?

A vós, os que buscam com ousadia, a vós, os que tentam, a todos que um dia se lançaram ao mar terrível com suas velas cheias de manha,

a vós, os bêbados-de-enigmas, os alegres-do-lusco-fusco, cuja alma é atraída por flautas a todo abismo enganador:

– a vós, que não quereis tatear em busca de um fio com mão covarde; onde vós podeis **adivinhar,** ali odiais **calcular**...[7]

4.

Quero dizer, ao mesmo tempo, uma palavra geral acerca da minha **arte do estilo**. **Comunicar** um estado, uma tensão interna de *páthos* através de sinais, incluída a velocidade desses sinais – esse é o sentido de todo o estilo. E, considerando que a multiplicidade de estados internos em mim é

---

7. Citação do *Zaratustra,* Parte III, "Da visão e do enigma". (N.T.)

extraordinária, existem em mim várias possibilidades de estilo – aliás a mais múltipla arte de estilos que um homem jamais teve a seu dispor. **Bom** é todo o estilo que de fato comunica um estado interior, o estilo que não se equivoca na escolha dos sinais, da velocidade dos sinais, dos **gestos** – e todas as leis do período frasal são arte do gesto. Meu instinto é infalível nesse sentido... Um bom estilo **em si** – **pura estupidez**, mero "idealismo", algo como o "belo **em si**"... Sempre tendo em vista o fato de que existem ouvidos – de que existem ouvidos que são capazes e dignos de um *páthos* igual, de que não faltam aqueles com os quais a gente **pode** se comunicar... Meu Zaratustra, por exemplo, até hoje procura por ouvidos assim – ah! e ele ainda haverá de procurar por muito tempo!... A gente tem de ser **merecedor** de ouvi-lo... E até esse momento não existirá, por certo, ninguém capaz de entender a **arte** que ali foi desperdiçada: jamais houve alguém que teve em mãos tantos meios artísticos novos, inéditos, verdadeiramente criados para tanto, para desperdiçar. Que uma coisa dessas tenha sido possível justamente na língua alemã, ainda é necessário achar as causas para tanto: eu mesmo teria me recusado a acreditar nisso com a maior severidade antes do Zaratustra. Antes de mim jamais se soube o que é possível alcançar com a língua alemã – o que é possível alcançar com uma língua qualquer... A arte do ritmo **grandioso**, o estilo **grandioso** do período disposto à expressão de um subir e descer colossal de paixões sublimes e sobre-humanas, fui apenas eu quem o descobriu... Com um ditirambo como o último do **terceiro** Zaratustra, intitulado "os sete selos", eu me elevei mil milhas acima daquilo que até hoje foi chamado de poesia.

5.

– Que do fundo dos meus escritos fala um **psicólogo** sem igual, talvez seja a primeira conclusão a qual chega um bom leitor – um leitor como eu o mereço, um leitor que me lê como os velhos e bons filólogos liam seu Horácio. As sentenças, sobre as quais em última análise o mundo inteiro está de acordo – sem contar os filósofos-do-mundo-inteiro, os moralistas e outros cabeças ocas: cabeças de repolho –, em mim parecem simples ingenuidades do engano: por exemplo, aquela crença que assegura que "egoísta" e "altruísta" são antônimos, enquanto o ego em si seria apenas uma "fraude ainda maior", um "ideal"... Não existem **nem** ações egoístas, **nem** ações altruístas: os dois conceitos são contrassensos psicológicos... Ou a sentença "o homem luta pela felicidade"... Ou a sentença "disposição e indisposição são antônimos"... A Circe da humanidade, a moral, falsificou – **desmoralizou** – todas as faculdades psicológicas até a raiz, até aquele disparate terrível de que o amor tenha de ser algo "altruísta"... A gente tem de estar firme sobre o **seu** assento, a gente tem de se sentir bravoso sobre as pernas, caso contrário nem sequer **se pode** amar. Isso as mulherinhas sabem bem demais: elas fazem o diabo com homens que são apenas altruístas, meramente objetivos... Será que posso ousar dizer, por tabela, que eu **conheço** as mulherinhas? Isso faz parte dos meus dotes dionisíacos. Quem sabe? talvez eu seja o primeiro psicólogo do eterno-feminino.[8] Elas todas me amam – uma velha história: descontadas as mulherinhas **fracassadas**, as "emancipadas", as incapazes de ter filhos... Por fortuna não tenho a menor intenção de deixar que me arrebentem: a mulher completa arrebenta, quando ela ama... Eu conheço essas mênades amáveis... Oh, que predadora sutil, perigosa, subterrânea, baixa! E é tão agradável ao mesmo tempo!... Uma mulher baixa, que vai atrás de sua vingança, seria capaz de passar a perna até mesmo no destino... A mulher é indizivelmente mais má do que o homem, e também mais esperta; a bondade na mulher já é uma espécie de **degeneração**... No fundamento de

---

8. Conceito que aparece no final do *Fausto* de Goethe. (N.T.)

todas as assim chamadas "almas belas" existe uma inconveniência psicológica – eu não vou dizer tudo, senão eu acabaria adentrando o terreno da medicina. A luta por direitos **iguais** inclusive é um sintoma de doença: qualquer médico sabe disso... A mulher, quanto mais mulher ela é, se defende com unhas e dentes contra todo o tipo de direitos: o estado natural, a eterna **guerra** entre os sexos lhe dá, de longe, o primeiro lugar... Alguém teve ouvidos para a minha definição do amor? ela é a única digna de um filósofo. O amor – em seus meios, a guerra; em seu fundamento, o ódio mortal dos sexos... Alguém ouviu minha resposta à pergunta sobre como a gente **cura** – "liberta" – uma mulher? A gente faz um filho nela. A mulher tem necessidade de filhos, o homem é sempre apenas um meio: assim falou Zaratustra... "A emancipação da mulher" – esse é o ódio instintivo da mulher **malograda**, quer dizer, da mulher incapaz de procriar, contra tudo aquilo que é exitoso... Sua luta contra o "homem" é sempre apenas um meio, um pretexto, uma tática. Quando as mulheres **se** elevam à condição de "mulher em si", de "mulher mais alta", de mulher "idealista", elas acabam **baixando** a posição geral da mulher; não existe nenhum meio mais certeiro para isso do que a formação ginasial, o direito às calças e ao voto bovino. No fundo, as emancipadas são as **anarquistas** no mundo do "eterno-feminino", aquelas que se deram mal, cujo instinto mais baixo é a vingança... Um gênero inteiro do "idealismo" mais maldoso – que aliás também ocorre entre os homens, por exemplo em Henrik Ibsen, essa típica virgem senil – tem por objetivo **envenenar** a consciência limpa e a natureza no amor sexual... E para que não reste dúvidas acerca da minha convicção, que é tanto honesta quanto severa, acerca desse ponto, quero comunicar mais uma sentença do meu código moral contra o **vício**: com a palavra vício eu combato toda a espécie de antinatureza ou, caso sejam preferidas palavras belas, o idealismo. A sentença diz: "A pregação da castidade é um incitamento público ao antinatural. Toda expressão de desprezo à vida sexual, toda a contaminação da mesma pelo conceito 'impura' é um crime contra a vida em si – é o pecado intrínseco contra o espírito santo da vida."...

6.

Para dar uma ideia a respeito de mim na condição de psicólogo, tomo uma peça curiosa de psicologia, que comparece em "Além do bem e do mal" – eu proíbo, aliás, toda e qualquer suposição acerca de quem é que eu descrevo nessa passagem. "O gênio do coração, assim como aquele grande oculto o possui, o deus-tentador e rateiro nato da consciência, cuja voz sabe mergulhar no submundo de qualquer alma, aquele que não diz uma palavra, não lança um olhar sequer no qual não haja uma tentativa e uma franja de sedução, a cujas maestrias pertencem o ato de saber parecer ser – e não aquilo que ele é, mas sim aquilo que, para os que o seguem, é uma **coação** a mais, para se aproximar, se apertar junto a ele cada vez mais, para segui-lo cada vez mais interna e profundamente... O gênio do coração, que faz calar e ensina a ouvir a tudo o que é ruidoso e vaidoso, que alisa as almas ásperas e lhes dá um novo desejo para experimentar – deitar em paz, como um espelho, para que o céu profundo se espelhe nele... O gênio do coração, que ensina a mão apatetada e ultrarrápida a pegar de leve e hesitantemente; que adivinha o tesouro escondido e esquecido, a gota de bondade e de espiritualidade doce sob o gelo turvo e grosso e é uma varinha de condão para todo o grão de ouro que jazeu enterrado no cárcere de muita lama e areia... O gênio do coração, de cujo toque todo mundo sai mais rico, não por ser anistiado ou surpreendido, não por ser alegrado ou oprimido por uma bondade alheia, mas sim mais rico em si mesmo, mais novo do que antes, desabrochado, bafejado e auscultado por um vento brando, talvez mais incerto, mais suave, mais frágil, mais quebrado, mas cheio de esperanças que ainda não têm nome, cheio de novas vontades e energias, cheio de novas más-vontades e contraenergias..."[9]

---

9. § 295 de *Além do bem e do mal*. (N.T.)

Cronologia

Marcelo Backes

1844 – Em 15 de outubro, nasce Friedrich Wilhelm Nietzsche, em Röcken, na Saxônia, mais velho entre os três filhos de uma família de pastores protestantes. Seu pai e seus dois avôs eram pastores. Aos 10 anos já fazia suas primeiras poesias e composições musicais e aos 14 tornou-se professor numa Escola Rural em Pforta.

1846 – Em 10 de julho, nasce sua irmã Elisabeth.

1848 – Em 27 de fevereiro, nasce seu irmão Ludwig Joseph.

1849 – Morre o pai de Nietzsche, Karl Ludwig, em 30 de julho, com apenas 35 anos de idade.

1850 – Morre Ludwig Joseph, seu irmão. A família se muda a Naumburg. Nietzsche passa a viver cercado apenas de mulheres. Além da mãe e da irmã, é cercado pela avó e por duas tias solteironas.

1858 – De outubro de 1858 a setembro de 1964 estuda Teologia e Filologia Clássica na Universidade de Bonn. Em 1858 começa a escrever seu diário, esboçando, já na época, uma autobiografia e sinalizando para o *Ecce homo*, escrito apenas trinta anos depois. "Da minha vida" é o título da obra de um autor que, em tenra idade, já se sabia destinado a grandes tarefas.

1865 – Prossegue os estudos em Leipzig. Entra em contato com a obra de Schopenhauer.

1868 – Primeiro encontro, em 8 de novembro, com Richard Wagner, cuja música o deixa fascinado.

1869 – Em fevereiro, com apenas 24 anos – e isso apenas confirma um gênio que se manifestou sempre precoce –, Nietzsche é chamado para a cadeira de Língua e Literatura Grega na Universidade de Basileia, na Suíça, ocupando-se também da disciplina de Filologia Clássica. O grau de Doutor – indispensável nas universidades alemãs – seria concedido a Nietzsche apenas alguns meses depois, pela Universidade de Leipzig. Sem qualquer prova e com um trabalho sobre "Homero e a filologia clássica", Nietzsche assumiu o título e mudou-se definitivamente para Basileia. Em 17 de maio, pouco antes, visita Wagner em Tribschen, junto a Lucerna.

1870 – Com 26 anos, Nietzsche desenvolve os aspectos teóricos de uma nova métrica na poesia, para ele, "o melhor achado filológico que tinha feito até então". Em agosto participa da Guerra Franco-Alemã na condição de enfermeiro voluntário; adoece gravemente. Em outubro volta a Basileia e começa a amizade com o teólogo Franz Overbeck.

1872 – Escreve sua primeira grande obra, *O nascimento da tragédia*, sobre a qual Wagner disse: "jamais li obra tão bela quanto esta". O ensaio viria a se tornar um clássico na história da estética. Nele, Nietzsche sustenta que a tragédia grega surgiu da fusão de dois componentes: o apolíneo, que representava a medida e a ordem; e o dionisíaco, símbolo da paixão vital e da intuição. Segundo a tese de Nietzsche, Sócrates teria causado a morte da tragédia e a progressiva separação entre pensamento e vida ao impor o ideal racionalista apolíneo. As dez últimas seções da obra constituem uma rapsódia sobre o renascimento da tragédia a partir do espírito da música de Wagner. Daí que, elogiando Nietzsche, Wagner estava, na verdade, elogiando a si mesmo.

1873 – Ano da primeira e da segunda *Considerações extemporâneas*. Na primeira, ocupa-se do escritor e teólogo David Straus (1808-1874), na segunda das vantagens e desvantagens da História para a vida humana.

1874 – Escreve a terceira *Consideração extemporânea*, dedicada ao estudo de Schopenhauer.

1875-76 – Escreve a quarta *Consideração extemporânea*, voltando a tratar diretamente de Wagner. Em outubro de 1875 conhece o músico Peter Gast (Heinrich Köselitz), em setembro de 1876 começa a amizade com o psicólogo Paul Reé. Adoece mais gravemente e em outubro do mesmo ano recebe férias da Universidade de Basileia para cuidar de sua saúde. Passa o inverno em Sorrento com Paul Rée e Malwida von Meysenburg. Em novembro, em Sorrento, acontece o último encontro entre Nietzsche e Wagner e a amizade é rompida, depois de uma série de desentendimentos e alguns ataques mútuos via imprensa.

1876-78 – Trabalha em *Humano, demasiado Humano – Um livro para espíritos livres*, depois de entrar em contato com a obra de Voltaire. As dores que Nietzsche já sentia há algum tempo progridem nessa época, e o filósofo escreve numa carta a uma amiga: "De dor e cansaço estou quase morto". Daí para diante a enxaqueca e o tormento nos olhos apenas fariam progredir.

1879 – Adoece ainda mais gravemente e é obrigado a abandonar a Universidade de Basileia.

1880 – Publica *O peregrino e sua sombra*. *Humano demasiado humano*, segunda parte. Entre março e junho passa a primeira temporada em Veneza. Em novembro, vivencia seu primeiro inverno em Gênova.

1880-81 – Escreve *Aurora*. Em 1881 passa o primeiro verão em Sils-Maria, em 27 de novembro ouve pela primeira vez, em Gênova, a *Carmen*, de Bizet.

1882 – Publica *A gaia ciência*. Em março viaja pela Sicília, em abril conhece Lou Salomé e, junto com Paul Reé, mantém uma amizade a três, perturbada por constantes declarações de amor da parte dos dois homens a Lou Salomé. Os três viajaram e moraram juntos em várias cidades.

1883 – Em fevereiro, em Rapallo, começa a escrever *Assim falou Zaratustra*, cujas primeira e segunda partes são publicadas ainda no mesmo ano. A partir de novembro passa o primeiro verão em Nice.

1884 – Terceira parte do *Zaratustra*, sua obra--prima, é escrita em Nice. Entre novembro do mesmo ano e fevereiro de 1885, escreve a quarta e última parte, dividido entre Mentone e Nice. Sob a máscara do lendário sábio persa, Nietzsche anuncia sua filosofia do eterno retorno e do super-homem, disposta a derrotar a moral cristã e o ascetismo servil.

1885 – Lê e estuda as *Confissões* de Santo Agostinho.

1886 – Publica *Além do bem e do mal*, obra com a qual se ocupou nos dois anos anteriores, depois do término do *Zaratustra*.

1887 – Escreve *Genealogia da moral* e descobre Dostoiévski, aprofundando-se em sua leitura.

1888 – Produz uma enxurrada de obras, entre elas *O caso Wagner*, *Crepúsculo dos ídolos*, que seria publicada em janeiro do ano seguinte, *O anticristo* e *Ecce homo*, que seria publicada apenas em 1908. Em abril, passa sua primeira temporada em Turim. Georg Brandes (1842-1927), crítico literário, filósofo e escritor dinamarquês dá um curso sobre a obra de Nietzsche na Universidade de Copenhague.

1889 – Em janeiro sofre um colapso ao passear pelas ruas de Turim e perde definitivamente a razão. Em Basileia, foi diagnosticada uma "paralisia progressiva", provavelmente originada por uma infecção sifilítica contraída na juventude.

1891 – Aproveitando-se da fraqueza de Nietzsche, a irmã Elisabeth faz o primeiro ataque à obra do filósofo, impedindo a segunda edição do *Zaratustra*. A partir de então a irmã (que voltara a Alemanha depois de viver durante anos no Paraguai com o marido, o líder antissemita Bernhard Förster, que se suicidou depois de ver malogrado seu projeto de fundar uma colônia ariana na América do Sul. Nietzsche sempre foi terminantemente contra o casamento) passou a ditar as regras em relação ao legado de Nietzsche. E assim seria até 1935, quando Elisabeth veio a falecer.

1895 – Os sinais da paralisia avançam e Nietzsche passa a apresentar sinais visíveis de perturbação nos movimentos dos membros.

1897 – Morre a mãe de Nietzsche e a família se muda para Weimar, levando o filósofo gravemente enfermo, junto com o arquivo de suas obras e escritos.

1900 – Em 25 de agosto, depois de penar sob o jugo da dor e da irmã, Nietzsche falece em Weimar.

L&PM POCKET MANGÁ

Mitsuru Adachi — **Aventuras de menino**
Inio Asano — **Solanin 1**
Inio Asano — **Solanin 2**
Mohiro Kitoh — **Fim de verão**

SHAKESPEARE — HAMLET
SIGMUND FREUD — A INTERPRETAÇÃO DOS SONHOS
F. SCOTT FITZGERALD — O GRANDE GATSBY
FIÓDOR DOSTOIÉVSKI — OS IRMÃOS KARAMÁZOV
MARCEL PROUST — EM BUSCA DO TEMPO PERDIDO
MARX & ENGELS — MANIFESTO DO PARTIDO COMUNISTA
FRANZ KAFKA — A METAMORFOSE
JEAN-JACQUES ROUSSEAU — O CONTRATO SOCIAL
SUN TZU — A ARTE DA GUERRA
F. NIETZSCHE — ASSIM FALOU ZARATUSTRA

Poirot 100 anos

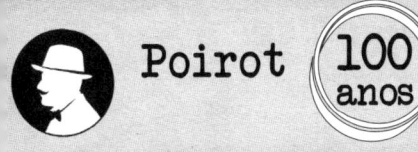

Agatha Christie

- Morte na Mesopotâmia
- Poirot perde uma cliente
- Os quatro grandes
- Cai o pano: o último caso de Poirot
- Os crimes ABC
- O Natal de Poirot

L&PM POCKET

COLEÇÃO 96 PÁGINAS

Pequenos livros, GRANDES LEITURAS!